本书由上海财经大学浙江学院发展基金资助出版

双语版

匠心·初心

东阳木雕、竹编大师访谈录

李 慧 傅燕芳◎主编

Hearts and Crafts

Interviews with Dongyang Masters of Wood Carving and Bamboo Weaving

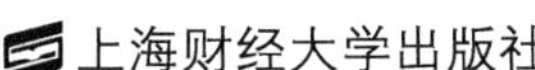

上海财经大学出版社

图书在版编目(CIP)数据

匠心·初心:东阳木雕、竹编大师访谈录:双语版:汉英/李慧,傅燕芳主编.—上海:上海财经大学出版社,2021.10
(婺文化双语阅读系列)
ISBN 978-7-5642-3757-8/F.3757

Ⅰ.①匠… Ⅱ.①李… ②傅… Ⅲ.①木雕-手工艺-民间艺人-访问记-东阳-现代-汉、英②竹编-手工艺-民间艺人-访问记-东阳-现代-汉、英 Ⅳ.①K825.72

中国版本图书馆CIP数据核字(2021)第071848号

责任编辑 肖 蕾
封面设计 张克瑶

匠心·初心:东阳木雕、竹编大师访谈录(双语版)

著 作 者:李 慧 傅燕芳 主编
出版发行:上海财经大学出版社有限公司
地 址:上海市中山北一路369号(邮编200083)
网 址:http://www.sufep.com
经 销:全国新华书店
印刷装订:江苏凤凰数码印务有限公司
开 本:710 mm×1000 mm 1/16
印 张:16
字 数:245千字
版 次:2021年10月第1版
印 次:2021年10月第1次印刷
定 价:68.00元

编 委 会

【序】

东阳，素有“百工之乡”“工艺美术之乡”的美誉。东阳木雕约始于唐而盛于明清，是中国民间雕刻艺术之一，因产于浙江东阳而得名，北京、江苏、浙江、安徽等地都有精美的东阳木雕存世。东阳木雕与青田石雕、黄杨木雕并称“浙江三雕”。

东阳木雕是以平面浮雕为主的雕刻艺术，多层次浮雕、散点透视构图、保留平面的装饰，形成了自己鲜明的特色。因其色泽清淡、格调高雅，又称“白木雕”（保留木材的天然色泽，不同于彩绘）。东阳木雕自唐至今已有千余年的历史，是中华民族优秀的民间传统工艺之一，被誉为“国之瑰宝”。2006年5月20日，东阳木雕经国务院批准被列入第一批国家级非物质文化遗产名录。

东阳竹编以立体编织为主，与平面编织技艺相结合，做工精细、造型生动、色彩典雅，具有浓郁的民间艺术特征，充分体现出东阳竹文化的风貌。东阳竹编产品可分为两大类：一类是生活器具，以实用功能为主；另一类是立体陈设与建筑装饰，以艺术欣赏功能为主。东阳竹编擅长编织立体人物、动物及传统竹篮等器皿类工艺品，手工剖篾细如发线、柔如蚕丝，精编细作，逼真传神。东阳竹编工艺品以篮、筐、箱、箩、箕、篓、笠等生活用品最为常见，它们与烫金、印花、刻镂等装饰技艺相结合，完美地展示出竹的文化内涵，具有较高的艺术价值和民间工艺研究价值。

目前，无论是木雕还是竹编，都面临着学习技艺的青年人数偏少的问题，而真正能坚持十几年、几十年并将其作为一项事业的人更少。技艺传承陷入困境，亟待保护、抢救。

上海财经大学浙江学院婺文化译播研究中心在东阳博物馆的大力支持和牵线下，展开东阳木雕、竹编大师访谈活动，旨在传播和传承东阳木雕、竹编文化，引起更多人，尤其是年轻人来关注和学习东阳木雕和竹编。本次访谈由二十二位师生共同完成，他们与东阳木雕、竹编大师展开面对面的交流，访谈活动也得到了东阳木雕、竹编大师们的肯定和大力支持。

此次访谈使我们更加深入地了解东阳木雕和竹编工艺的历史和发展，近距离学习和感受大师们的工匠精神，进一步增强了师生们的文化自信。访谈录以别具一格的方式讲好金华故事、传播金华声音，有助于推动地方优秀传统文化的繁荣发展。

编　者

【目录】

Contents

陆光正

1945 年生，浙江东阳人。1960 年师从东阳老艺人楼水明先生，1965 年赴浙江工艺美术研究所、浙江美术学院（现为中国美术学院）学习。亚太地区手工艺大师，中国工艺美术大师，国家级非物质文化遗产代表性传承人，中国工艺美术协会木雕艺术专业委员会名誉主任。

用时光雕刻经典

从艺六十载，陆光正在木雕艺术领域孜孜以求，有贯穿多种雕刻技法、涉及各种题材的艺术珍品1 000多件问世，曾多次参加全国、国际性大展并获大奖，赢得国内外赞誉。他的不少佳作被中国国家博物馆、中国共产党历史展览馆、中国工艺美术馆等收藏，被业界称为“国之瑰宝”。

1974年，其木雕作品《松鹤同春》《百鸟朝凤》被陈列于北京人民大会堂浙江厅；1988年，其木雕作品《锦绣中华》被中国台湾南园收藏；1997年，其木雕作品《航归》作为庆祝香港回归祖国礼品由浙江省人民政府赠送给香港特别行政区政府；2003年，他为杭州雷峰塔重建创作木雕作品《白蛇传的故事》。

陆光正的作品不仅继承了东阳木雕的艺术精华，将先人留下的技艺发挥得淋漓尽致，而且在此基础上有所创新和突破，解决了前人所不能解决的难题。

他的作品手法细腻，造型生动，章法布置巧妙，匠心独运地将圆雕、高浮雕、浅浮雕等技法结合在一起，作品中既有对生活和自然的悉心领悟与把握，又有难以掩藏的书卷之气，可谓“画中有诗”。

木雕，缘起

中国有“四大木雕”之说，民间尤以浙江东阳为佳。自唐至今千余载，历史悠久，源远流长。小时候，那些散落在老祠堂、大宅院以及古民居里的精美木雕石刻令我深深地折服。如何才能把木头和石头这样简单常见的物品变成那么精致的艺术品？那该是一种怎样的技艺啊！我开始对这种技艺感到好奇，并且不断地进行探索，越探索我就越觉得这种技艺真的是鬼斧神工。

在对这种技艺的深深渴求中，我终于获得了学习的机会。13岁时，我考上了东阳木雕技校，成了班上最小的一名学员，当时我在雕刻方面丝毫没有基础，所以刚开始学习木雕的我遇到了很多困难，也倍感压力，使我开始对自己是否适合走这条路产生了怀疑。

但是，每当我想放弃的时候，我的脑海中就浮现出令我深深折服的精美雕刻艺术品，我既不想放弃，也不能放弃，因为我想成为一名木雕艺人，想让那些普普通通的木头在我的手中绽放出最美丽的光彩！就这样，我在一次次失败与打击中，学到了很多木雕的技艺。正因为我的不气馁、不放弃，15岁那年，我被东阳的“雕花状元”楼水明先生破格收为关门弟子。

在恩师的耐心教导下，我的技艺突飞猛进。一年后，我创作的《热爱和平》被选入全国少年儿童美术作品展览，并作为礼物赠送给国际友人。学木雕最大的快乐就是作品能得到老师的表扬和大家的认可，也就是从那时候开始，我对木雕的热情达到了前所未有的高度。当然，我最感激的还是我的恩师楼水明先生，如果没有他的指点和教导，就没有现在的我。

在不断学习的过程中，我还有幸得到了“雕花皇帝”杜云松、“雕花宰相”黄紫金等老艺人的指导。我记下了名师们的教诲，将细微技巧反复揣摩并不断在实践中运用，终于通晓了东阳木雕的奥秘，学会了雕刻的各种技法。如果说进入木雕学校学习是我人生的一大转折，那么师辈间的口传心授，使我对东阳木雕有了自己的理解和想法。

创作，创新

我是1945年出生的，见证了中国的逐渐繁荣富强，看到“一带一路”倡议取得了丰硕成果，使我产生了强烈的创作愿望。我要用画笔记录我的所思所感，用作品来讴歌美好时代。我以“一带一路”倡议为创作主题，用木雕形式解读和表现“一带一路”倡议。

我和有关专家、教授反复斟酌，勾画设计，确定了以中国梦、丝路记忆、复兴路上三个篇章进行创作。我们创作了《茶马古道》《丝路传扬》《张骞出使西域》等数十幅主题性作品。

近年来，我还设计并创作了《锦绣中华》《燕京八景》《中华二十景》等作品，这些作品被陈列在北京APEC会议、G20杭州峰会、中国国际进口博览会等相关重要场馆。我希望东阳木雕能展示中国精神、彰显中华文化魅力，让世界看到中国的文化底蕴和强大实力。

为庆祝中国共产党成立100周年，2020—2021年，我邀请来自中央美术学院、清华大学美术学院、中国美术学院的雕塑艺术家，合作创作了大型全景组

木雕作品《丝路传扬》

雕作品《百年伟业》。该作品讴歌百年伟业，追忆奋斗历程，缅怀革命先驱，展望光明前景。《百年伟业》由四幅大型木雕落地屏风组成，分别为《峥嵘岁月稠》《建立新中国》《春天的故事》《共筑中国梦》。每幅屏风宽7.1米、高3.1米、厚1.1米；前景为立体人物圆雕，人物圆雕的舞台面宽50厘米，人物最高不超过90厘米；背景是平面深浮雕，通过同一底座组成一幅单体作品。该作品经东阳、温州、杭州、上海、嘉兴等地展出后，引发热烈反响，我感到十分欣慰。

从艺60多年来，我认为传承木雕技艺非常重要的一点，就是要“创新”。传统的、好的东西需要保留，但必须反映时代特色，与时代相适应才能被大家认可，才能不断进步、不断提高。

创新并不是不做传统题材，同一个题材，设计、制作、表现的方法、形式不一样，给人的感觉就不一样。东阳木雕以平面雕刻为特色，包括圆雕、半圆雕、深浮雕、浅浮雕等多种技法。我将多种技法融入创作，在丰富雕刻技法和雕刻语言的基础上，创作出木雕台屏《三英战吕布》、木雕落地屏《年年有鱼》等作品。这些作品既保留了传统工艺的特色，又给人耳目一新的感觉。

木雕作品《三英战吕布》

20世纪80年代，市场需要幅面阔大的大件作品，而传统的东阳木雕以小构件为主。当时我为杭州望湖宾馆制作的《白蛇传》出现了较大面积的开裂，无法修复，这让我颇受打击。此前为新加坡董宫酒店制作的壁画也出现开裂，于是业界纷纷传言东阳木雕无法用于制作大型壁画。我深知东阳木雕不能止步于小件作品，但又无从下手。

有一次偶然看到工人们将一座屏风折叠起来准备装箱出口，我从中受到了启发。2003年，我为杭州雷峰塔创作大型壁画《白蛇传的故事》，通过反复实验，我创新了“叠雕”技法，至此，木雕变形开裂问题得到根本解决。该作品是用木雕画板中最佳木材东北椴木制作而成，创作至今快20年，8幅大型壁画作品均没有出现开裂，这是东阳木雕创作史上的一次重大突破。《白蛇传的故事》的创作在艺术性上下功夫，全套作品在设计构图上采用多层焦点透视与散点透视相结合的方法，既使主要人物更加突出，显得形神具备、栩栩如生，又使背景更加丰富、纵深感更强。

传承，大有可为

东阳木雕是中国的传统工艺，我想把它传承下去，让全世界都知道我们的工艺。但是木雕是一门很耗时的工艺，想要创作出一幅好的作品，前期需要花费十几年时间来学习。现在大家的生活条件都好了，来学木雕工艺的人越来越少。我之前办木雕学校，现在我到大专院校开设东阳木雕专业，已经有不少学生来学习传统的东阳木雕工艺。

学习木雕要用心，从传统技法，到工匠精神，这些传统工艺都有深厚的历史积淀，凝聚了千百年来人们对美的精神追求，如果不去下功夫传承，它不会留在你的手里、走到你的心里。但是，只有传承却没有创新，东阳木雕的发展也很难长久。在我之前，很多人就对东阳木雕有很深的误解。在他们看来，创作大件的东阳木雕是不可行的。因此，在传承木雕技艺的同时，也需要他们对东阳木雕进行创新，把现代的元素与古代的文化结合起来。我始终坚持“以能者为师”，年轻人思维敏捷，他们用新科技、新思想武装头脑，和他们接触常常令我颇有收获，也使我心态年轻、富有活力。

我觉得在学习面前没有大师，只有始终保持谦恭态度，创作出更多更好的作品，非物质文化遗产传承的接力棒才能一直传下去。我愿意倾尽我所有的知识和技能，把这些全部教给学生们，让他们把东阳木雕继续传承下去。

我为东阳木雕倾注了自己毕生的心血，最希望看到的就是它名扬四海。我希望除了学习木雕技艺之外，更多的年轻人可以参与进来，用他们的专业和知识，同我们的工艺美术结合起来，把我们的产品带到世界各地。同时，也需要更多年轻人来宣传中国传统文化，为发扬非物质文化遗产做贡献，让东阳木雕真正走向世界、成就高峰。

口　　述 陆光正
整　　理 徐浠静
指导老师 李　慧　金弦和

倾尽一生，雕塑一人

从学徒到成为全国首届中国工艺美术大师，从艺六十余载，陆光正大师仍然在木雕艺术领域孜孜以求，他说："我是通过东阳木雕作品来展现自己的人生价值。东阳木雕既是我的根，也是我的艺术生命所在。我要在不断超越中提升东阳木雕艺术的品位，提高东阳木雕的知名度，使之真正成为'天下第一雕'。"

我是一名普通的大学生，平时除了能从老师口中了解木雕，几乎对它一无所知，也未曾想要深入探究。尽管木雕是我们东阳很有名的艺术品，但当今社会的人心多少有些浮躁，面临的诱惑太多，很少人会去追求精神生活，这也导致很多人不愿意去接受文化的传播。通过与陆大师的访谈，我从他身上学到了很多东西，不仅仅是木雕之美，更为可贵的是陆大师的精神之美。

陆大师的成功绝非偶然，不是一蹴而就的，它是努力的必然结果。许多个酷暑寒冬的深夜，当与他一起雕花的同伴已经疲惫地进入梦乡时，陆大师总是一个人在小煤油灯下潜心临摹。经过反复揣摩、努力实践，他终于通晓了东阳木雕的奥秘，从传统技法到工匠精神，学会了雕刻的各种技法。如果没有牢固的基础和长年累月的经验积累，成功的雨露又怎么会眷顾你呢？"成"是"功"的积累，"功"是"成"的基础。成功的路上没有捷径，只有努力、努力再努力。

经过艰苦的探索和反复的实践，陆大师凭借自己的聪明才智和敢于创新的思维，突破了东阳木雕乃至中国木雕不能创作大幅作品的禁区，使之永远地成为历史。

求新是人类的本能，但创新其实并不简单。首先，你不能囿于别人的成就，创新需要模仿，但模仿不等于完全照搬照抄，而是根据前人的经验，通过改良和自己的思考来改进，不可盲目。其次，创新不一定是正确的，创新不一定就能成功，创新不能怕犯错。只有想在人先，做在人前，以变应变，才能掌握胜机，立于不败之地。

一个人的成功往往由两种因素组成：个人因素和社会因素。陆大师在一次展览中说过："学木雕最大的快乐就是作品能得到老师的表扬和大家的认可，在我心里，我最感谢的是我的恩师楼水明，如果没有他的悉心教导，也就没有现在的我。"还有当时健在的"雕花皇帝"杜云松、"雕花宰相"黄紫金等老艺人，正是陆大师的认真和努力打动了他们。

韩愈说过："世有伯乐，然后有千里马。"韩愈的遭遇的确令人感到悲哀。空有一腔抱负，却无施展之地，可谓生不逢时。的确，若是没有伯乐的赏识，千里马也许不会被发现。但现实中，很多人都在抱怨没有识马的伯乐发掘他们，致使英雄无用武之地。其实，他们有没有想过是自身的问题呢？伯乐是人才的发现者，但他并不能发掘所有的人才。我们若不主动地展现自己拥有的才华，伯乐很难发现你的身影。

陆大师让人佩服的不仅是他精湛的手艺，还有他那豁达大度的胸怀。那天我们去陆大师家里拜访时，其实他正外出办事，他的儿媳打电话跟他说家里有高校师生来访。过了一会儿，陆大师便坐车回到了家，轻轻推开门。只见他头发微白，面色红润，脸上挂着慈祥的笑容，显得格外精神；而白色的衬衫，灰色的外套，白色的长裤，白中带点灰的布鞋，这样一身朴素装扮穿在他身上却是如此的不普通，反而显得更加干净利落。在一般人的心目中，艺术家似乎总是一副不修边幅的样子，陆大师却不同。他连忙和我们握了握手，带点愧意地跟我们说："不好意思，久等了。"说完，他拿来水果茶点，热情地招待我们。

采访结束后，陆大师还送给我们一些寄语。他希望能够有更多的年轻人参与进来，并结合自己的专业知识，共同学习木雕这门艺术。特别是作为英语专业的学生，更应该为此奉献一份力量，把文化产品带到世界各地，弘扬中国传统文化。

成功的背后，必定是百炼成钢。

合影（左三为陆光正大师）

文 许译允

指导老师 李 慧 金弦和

徐土龙

1944 年生，浙江东阳人。中国工艺美术大师，中国木雕艺术大师。1958 年考入由东阳市教育局创办的东阳木雕技校，与木雕为伴已有 60 多年。其作品最大的特色就是花鸟雕刻，源于自然、高于自然，突出气韵，结实丰富，变化多姿。花卉雕刻以瓣肥叶厚的艺术特点、富贵大气的四季花卉风格，自成一家。

保护东阳木雕“火种”是最大的责任

采访（左二为徐土龙大师）

传承技艺，保护文脉

“东阳木雕要传承，这是个大命题。具体要传承什么？我看很多人并未理解透彻。”说起这里，徐土龙自嘲“我快成了念经的和尚”。他逢人就讲，东阳木雕必须传承平面浮雕的核心技法，主要是平面的区分、保留、压缩，让二维平面上的图案产生立体效果，层次丰富，构图饱满。但令他遗憾的是，虽然反复强调，学习并运用平面浮雕技法的人数还是在递减。“如果东阳木雕的平面浮雕技法都失传了，大家都去做立体圆雕，那还是东阳木雕吗？”如何保持东阳木雕的技艺特质，在徐土龙看来也是一个非常紧迫的课题。

木雕制作工具

除此之外，东阳木雕的艺术韵味也是传承重点。“同样是平面浮雕，东阳木雕和潮州木雕的风格完全不一样，这就是艺术的韵味。”因此，每次有徒弟来时，徐土龙都会详细地给他们讲解传统木雕上的图案，帮助他们正确理解东阳木雕语言。“师父有一次问我们，为什么传统木雕上的人物是宽袍大袖、衣衫单薄？”作为徐土龙的得意弟子，金华市工艺美术大师卢红华回忆，“当时我们以为是尊重历史事实，然而并不是。师父的解释是：中国传统文化偏重写意，重视表达内在精神，这种服饰造型正是为了表现自由、灵动、飘逸的人格精神，是在尊重史实基础上的个性化创作。”

在传授木雕技艺的同时，徐土龙还不忘鼓励徒弟们坚持学习，提升素养。

卢红华就自费去清华大学艺术学院进修。他说师父常告诫他们，千万不要满足于眼前的成绩，做人和做手艺都要实在，拒绝浮躁与空虚，“知之为知之，不知为不知”，不仅要了解东方文化，还要了解西文化，“比如用西方的几何透视，弥补中国传统三远法透视的不足，让细节更加生动。但是千万不能因为西方雕塑偏重写实，就丢弃了中国传统文化写意的精髓。”

只有读懂传统，才能继承传统。让徒弟们了解传统木雕中的工艺美术形式，进而探求文化内涵，“知其然，更知其所以然”，从而保证蕴含在东阳木雕里的文脉不至于中断，这是徐土龙在履行东阳木雕非遗传承人授徒义务时始终坚持的原则。

木雕作品《玉兰富贵图》

殚精竭虑，培育新人

“东阳木雕现在又到了生死存亡的关头。往前看，新人不知在哪里；往后看，技艺精华在失传。无论传承还是创新，都面临难题！”语气激动难以自抑，拳拳之心袒露在前。虽然已经年过七旬，但说起东阳木雕的发展，徐土龙大师依然激情满满，发自肺腑地说：“行业后继乏人，创新动力不足，才是我的心头之痛！”

这种熟悉的经历，在20世纪90年代中后期他也体尝过。那时候的东阳木雕行业处于计划经济向市场经济转型期，徐土龙供职多年的原东阳木雕总厂举步维艰，濒临破产，已是生产副厂长的徐土龙黯然离开企业，创办了东阳市特艺木雕加工厂。他凭着原东阳木雕总厂“十把斧头”之一的声誉，接收订单不断。“那个时期，东阳木雕面临的最大问题也是后继乏人，年轻人都崇尚读大学，木雕工匠作为手艺人，社会地位不高，收入也不稳定。”20世纪90年代至今，东阳木雕的新生力量基本上依靠原东阳木雕技校的最后一批学生，以及原东阳木雕总厂的年轻学徒工。当初的这些“新人”，如今许多已成为浙江省和金华市工艺美术大师。

“越过山丘，前方无人等候……”

徐土龙始终无法做到“挥一挥衣袖”。“我们这批人正在老去，新人却未出现，这个群体的数量在递减，太让人心痛了……”他的话音带着哽咽，眼眶已经泛红。

无论相遇还是不相遇，都是献给岁月的序曲。想要继续跋涉下去，还得往前看。“木雕小镇要做大、办好，第一要务是做好传承文章，培养后续人才，吸引年轻人学习木雕技艺，参与产业发展。”他提出，市里要尽快设立并用好工艺美术发展基金，拨付专款用于大师带徒、培养新人等。由大师与学徒、管理部门签订协议，规定学艺年限，明确带徒标准，每年由市级相关部门考核学徒，合格者给予补助并分等级逐年提高补助；学徒若在学艺期间获得技艺比赛的奖项，由管理

木雕的制作

部门颁发奖金，在职称评定与大师评审时予以倾斜，从而让年轻人学艺无后顾之忧。另外，小镇正在建造实训基地，开展暑期专业实训、教学课程实训、毕业研发实训，凡是承担了实训工作的大师和企业，也应该给予适当补助，吸引年轻人留下来、融进来。徐土龙说："人才是小镇立足与发展的主体。有了人才，木雕小镇与东阳木雕才能发展，才能创新。"

木雕作品《百鸟朝凤》

创新驱动，存续发展

徐土龙把保护东阳木雕"火种"视为最大的责任，"继承传统，把传统做到极致，这并不能保证技艺的传承，传承必须以创新作为支撑。"徐土龙认为，任何一项传统工艺都融入了前人的创新成果，正是一代又一代人不断创新，传统工艺才得以存续发展。在他看来，传统与创新并不矛盾，"我们去看陆光正大师的木雕作品，构图与技法都是传统的，但题材与外观是创新的，甚至技法也在创新。"他直言，必须把创新作为传承的最大驱动力。

但他又打心眼里瞧不上"挂羊头卖狗肉"式的创新，比如仅对他人的图案稍做细节变化就申请专利。他认为，此举不仅谈不上创新，反而会侵犯知识产权。"创新肯定有变化，但变化不一定就是创新。"说此话时，他一脸严肃，"创新必须是对行业产生革命性作用，能够推动行业发展的本质性变化。同时，创新的成果要适应时代发展，能被社会接受，适应市场需求。"说到这里，他对木雕小镇促进科技创新、提高科研水平、打造文化创意园的做法非常赞赏，认为要让东阳木雕的文化力“挥发”，最终还是要靠创新，这也是千年传统工艺发展的最大内生力。

“道路是艰难的，前途是光明的。新时代给东阳木雕提出了许多大课题，但是每个大课题都由许多小课题组成，我们要从解决小课题入手，当好东阳木雕的答卷人。”徐土龙真诚地说：“在‘推动东阳木雕发展’这个大课题面前，我们不能被小困难吓倒，不能被鞋子里的砂石阻碍了前进的步伐。”

徐土龙语重心长地说：“不管时代如何变化，一定要做好‘育人、引人、留人、用人’的文章。”作为东阳木雕非遗传承人，他通过教学培训、收徒育人，让东阳木雕的绝技延续。他的愿景就是看到优秀的新人层出不穷。

所获奖项

整　　理 刘浩如

指导老师 王嘉晶

木雕之魂：东阳花鸟木雕第一人

“东阳木雕要传承，这是个大命题。具体要传承什么？我看很多人并未理解透彻。”

——徐土龙

今日，我们有幸采访中国木雕大师徐土龙。在这之前我们只听说过木雕，但在这之后我们领略了木雕独有的魅力、独有的魂。

我们首先参观的是大师的工作室，令我感到意外的是大师的工作室并没有想象得那样恢宏。所有的一切都很简单，有的是未完成的作品以及许许多多的刀具，几张足够大的桌子还有凳子。当我们走进去的时候，有几位老师正在凿着木头，每个人的手边都有几十把工具。在我们看来，那些工具其实并没有区别，但是老师们总能在众多工具中找到合适的工具。看着老师们全神贯注地制作他们的作品，我们内心油然而生一种神圣感。这几位老师都是在用心完成木雕，在温度高达30摄氏度的条件下，仍然低着头、弯着腰，专注于手头工作。在这一天之前，我并不知道这一件件精美的木雕其实蕴含着这么多心血和门道，这间简单的工作室似乎也变得不简单起来。

走进徐大师的展厅，映入眼帘的是一座巨大的落地屏风《月月生辉》，这是一幅记载了一年十二个月花草景色的木雕屏风——一月的水仙花和迎春花，二月的兰花和玉兰，三月的昙花，四月的石榴花，五月的牡丹，六月的荷花，七月的秋桂，八月的牡丹，九月的菊花，十月的乌龙，十一月的茶花，十二月的蜡梅。在令人惊叹的屏风背后，我仿佛看到了徐大师为完成这件作品从选木到设计、打坯（平面立体化），再到最后的成品所付出的心血。脑海中浮现的画面是年迈的他成天待在工作室，在一个用简单木板搭成的工作台前，手边摆着几十把雕刻刀，低着头，弯着腰，即使是在30多摄氏度的条件下，还在坚持打磨雕刻。“不行，这个得再改改。”“不行，这个得重新做。”就这样，一次又一次，推翻重来，一次又一次修改，最终才有我们见到的这幅作品。

除此之外，木雕界有名的《玉兰富贵》《一帆风顺》等作品也是徐大师的得意之作。其中，令我印象最为深刻的还是《百鸟朝凤》台屏，各种各样鸟类被雕刻在上面，栩栩如生，活灵活现，立体感十足。这幅作品集中展现了东阳木雕常用的几种雕刻技法，是东阳木雕镂空雕的代表作。我想象不出这幅作品背后到底付出了多少心血，在这上面我看到了传统，凝聚在作品中的独属于东阳木雕的艺术韵味，同时感受到徐大师在继承传统上的甘之若饴，那种守着一块木头耕耘的工匠精神。

在采访徐大师的过程中，大师有一句话令我印象深刻：“行业后继乏人，创新动力不足，这才是我的心头之痛！”大师始终将传承和创新放在心头，即使在大师刚开始学习木雕技艺的时候，传承就已经变成了一个问题，由于雕刻这项职业并不稳定，导致手艺人越来越少。身为东阳人，徐大师反复强调东阳木雕必须传承平面浮雕的核心，但即便如此，仍然改变不了手艺人越来越少的现状，这无疑是一件令人遗憾的事情。看到那些精美绝伦的作品，这样的念头更加强烈：这门手艺不应该断，也不能断。徐大师认为，传承不能断，创新不能忘，传承应该建立在创新之上。的确，创新也不应该仅建立在外形上的细微改变，不是将人家的成名作品稍稍改变，变成自己的创新。我们始终应该顺应时代发展的潮流，努力做好东阳木雕的“答卷人”，这是我们作为新时代青年义不容辞的责任。

采访结束后，我内心久久不能平静。东阳木雕历史悠久，具有其代表性，在如今这个讲究速度和效率的时代，徐大师执着地坚守着他的职业操守。我希望今后在我们决定未来道路时，能有如此的决心，握紧生命里最朴素的一寸光阴，不忘初心。同时，我也希望在今后的日子里，传承的意志不变，哪怕时过境迁、沧海桑田。

合影（中间为徐土龙大师）

文 郑虹宇

指导老师 王嘉晶

周桂新

1975 年生，浙江东阳人。高级技师，亚太地区竹工艺名匠，中国传统工艺美术青年大师，浙江省工艺美术大师，浙江省非物质文化遗产代表性项目“东阳竹根雕”传承人，首届“东阳工匠”，东阳市工艺美术协会副会长。

2008 年，师从中国工艺美术大师卢光华、著名军旅画家李项鸿。其竹、核雕作品荣获国家级、省级奖项 60 多项。其竹根雕作品《斗母元君》《太平有象》被中国农业博物馆收藏，《茶具九件套》被中国木雕博物馆收藏。

2016 年，其竹雕作品《西湖胜景》被推选陈列在“二十国集团领导人杭州峰会”主会场。2018 年 7 月，“大匠之风”工艺美术大师个展系列之“周桂新竹雕作品展”在杭州工艺美术馆举办。2019 年 9 月，中央电视台农业农村频道播出《不同的记忆 一样的乡愁》，讲述周桂新竹雕作品里的故事。

竹之魂　吾之魄

知竹

竹，世人称竹，居家用竹，诗人咏竹，画家写竹，雕刻家镌竹。宋代苏轼说:“可使食无肉，不可居无竹。无肉令人瘦，无竹令人俗。人瘦尚可肥，士俗不可医。”

作为竹文化发源地的中国，自古有着历史悠久、精妙神奇的竹雕艺术，这是一门集竹的本质和气节于一体的艺术，也是非物质文化遗产的竹雕技艺。我国有丰富的竹资源，为竹雕艺术提供了廉价的材料，竹材虽价低却质高。

东阳产竹，素有“竹编之乡”之称，历史上与东阳木雕齐名。随着东阳竹雕的发展，东阳竹艺正在崛起。东阳竹雕起源于东阳木雕，依托东阳木雕的传统题材与技法，大大拓宽了竹雕的表现手法与技艺，形成了与众不同的艺术特色。东阳竹雕大师善于运用竹材肌理的自然美，雕琢竹木的立体形象。东阳竹雕史上，曾出现过许多雕刻大师，他们技艺超凡，留下了珍贵的传世之品。

本次采访中，我们来到东阳周店周桂新工作室。步入大师的工作室，令人眼前一亮的是种植在庭院里不同种类的竹子，这无疑表露出他对竹子的热爱。大师将家和工作室融为一体，对他而言，竹雕不仅仅是工作，也是生活的一部分，更是他此生的挚爱。

周桂新拜中国工艺美术大师卢光华为师，早年学习东阳木雕，后转攻竹根雕。幼年，家中经济条件拮据，懂事的周桂新开始学习木雕，并借此撑起了家。当其他学徒完成工作开始玩耍时，他仍伏案研究，并且越学越带劲，越学越热爱。也正是当年的决定成就了周桂新，他的付出促进了现在东阳竹雕的发展，促进了周店的竹文化建设。周桂新的大设想便是把整个村打造成一个竹文化主题村，以竹为名扩大在美食、摄影、民宿等方面的影响力。周桂新不仅致力于竹文化建设，更想把竹文化融入生态文化、动态文化以及艺术文化。

懂竹

竹雕与木雕虽是同源却有很大不同，竹雕最困难的是要把握好厚度，要在5～6毫米厚的竹筒上做文章绝非易事，一不小心就刻过头破相了。竹雕的过程主要有以下几步：取材、画稿、打坯、修光、细饰、打磨、传播。哪一步最关键呢？周大师认为每一步都必不可少，甚至最后一步的传播也是同等重要，只有把作品推出去让所有人看到，这一切才有意义。在采访周桂新有关竹雕制作时，他说了一句令人深思的话："我想去做别人没做过的或者不想做的，创新很重要，当你遇到'瓶颈'，冲破后就是另一种风景。"他还描述了他的人生十六字箴言："设者空也，制者心也，竹者雅也，藏者悦也。"

那些千姿百态的作品的创作灵感是怎么来的呢？大师手捧着茶，笑着将他的梦境娓娓道来："每个晚上只要我一闭眼，便会被一种神秘的力量所牵引，打开那扇门，门后全是现实中看不到的竹雕，我醒后无论是否半夜都会将梦中所见记录下来。甚至我的妻子也被我影响着每日梦竹。现在我们夫妻俩每次去书店时，但凡发现书上有一个我们喜欢的图案，我们必定会把它买回家细细琢磨。"这些精彩竹雕的来源震惊了我们，这经历确实比周公梦蝶更不可思议啊！

当问及哪个作品深得其心意时，周大师想了许久，他说最好的作品永远都是下一个。对于自己往后的作品，周大师表示，更多的是想做自己、表达自己，用作品来表达自己的生活，述说周围朋友的故事。

刻画小细节时，不仅要全身心地投入，丝毫不得懈怠，还要有眼力和巧劲，一个小小的心动甚至会毁了一个作品。耐心、专注、稳重——淋漓尽致的匠心精神。

周大师带我们走进他的工作室，展示了各式各样的刻刀。据他说，他所用的刻刀多数是自己制作的，因为市面上很少有细到极致的刻刀，比针还要细的都是他自己打磨而成。比如《宫灯》中所雕刻的格子窗甚至连头发丝都穿不过去。

木雕工具

解竹

周大师是如何来“解竹”的呢？

群组竹根雕作品《西游记系列》艺术化地再现了《西游记》中的“定海神

针”“弼马温”“大闹天宫”“西天取经”“火焰山”“三打白骨精”和“功德圆满”七个经典故事。然而，每件作品都只用了一根竹子雕刻而成，且没有任何黏合拼接。特别值得一提的是，这些作品还“暗藏玄机”。拿《西天取经》这件作品来说，唐僧和沙和尚脚下的祥云便是通过别出心裁的“移位法”而制作完成。周大师在不增加材料的情况下，通过特殊的方式移动某些位置，达到自由拓展作品长宽高的效果，这也是竹根雕技艺中难得一见的“不做减法做加法”的创作手法。

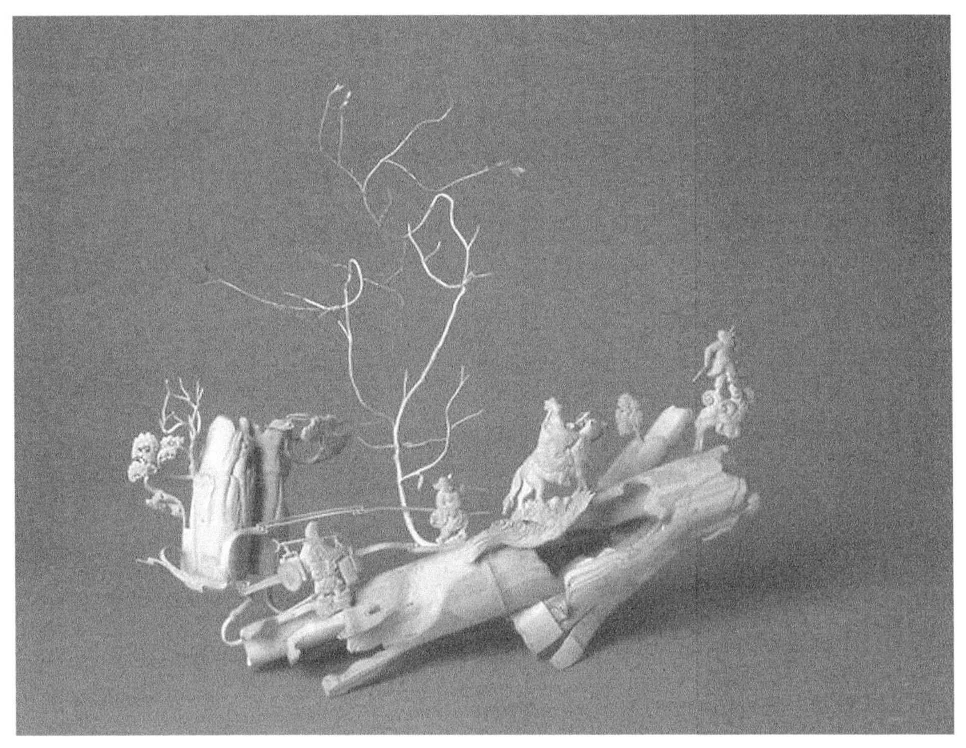

木雕作品《西天取经》

周大师的大型群组竹根雕作品《五百罗汉》则把群组雕的数量推向了极致。他以现实高僧为原型，吸收和借鉴传统造像，用极具夸张性、抽象性和写意性的艺术手法，创造出风格迥异、形象全新的五百罗汉群像。周大师介绍说，将五百罗汉任意两两组合，都可以实现眼神的互动。

令我印象深刻的还有一个作品《百子图》，周大师说实际上他只雕了98个人物，不圆满才是真正的圆满，循规蹈矩反而不会创新。

我最喜欢的一个作品是《迎生意合》，它分为四个画面，每个画面都是一个故事，这个故事能够讲很久，在“意”这个画面里，从一个特定角度看是一张脸的模样，十分有创意。

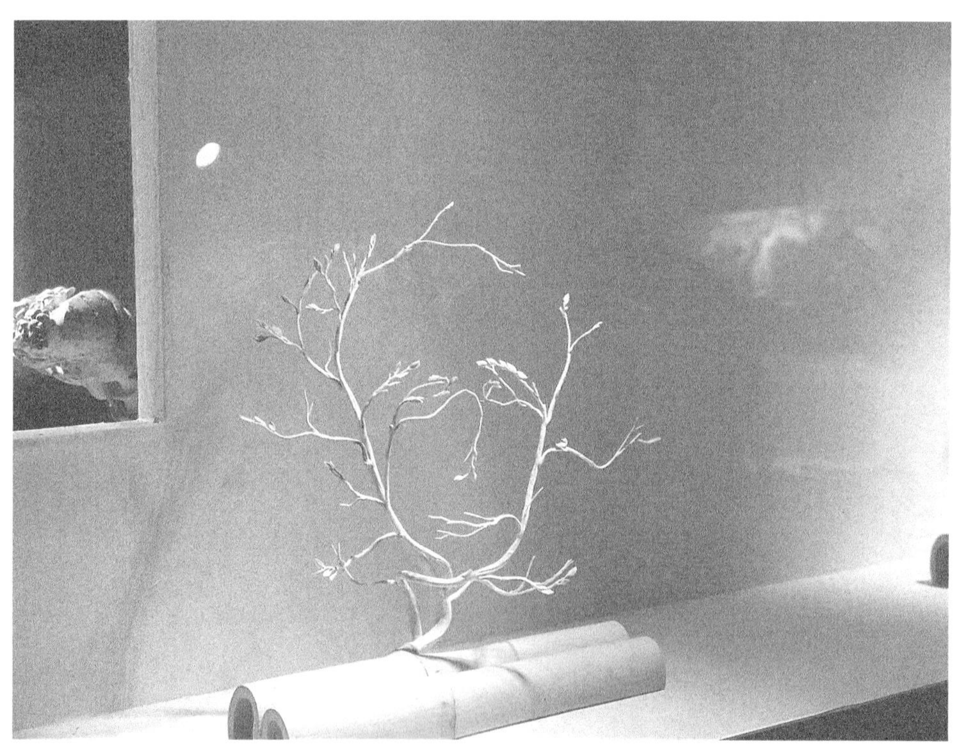

木雕作品《迎生意合》

最值得解说的是一对用橄榄核雕刻的八方宫灯，它将竹雕和核雕相结合，规格为10厘米×10厘米×10厘米（连底座）。只有4.3厘米长的宫灯共分为六层。第一层是灯盖，中空，上凸，镂空斜长方格。第二层为八龙吐珠，每边各雕一条吐珠飞龙，珠下各挂一个灯坠。每个面上都雕有博古图案，饰镂空圆形格。第三层是博古图，饰镂空竖长方格。第四层是凤凰展翅，每边各雕一只衔灯凤凰，凤凰下是八块花板，玄机就是上雕八仙人物和坐骑，可以转动，饰镂空横长方格，运用了东阳的浅浮雕。第五层为博古图，饰镂空长方格，八面各异。第六层为博古图，饰圆形格。各层、各边间均以镂空圆形格分开。镂空的窗户可以看到对面，捧在手心时，宫灯的所有部分都在动。这对小小的橄榄核在周大师手中被雕刻成如此精致的作品，这得花费多少时间与精力！

木雕作品《宫灯》

现实版《核舟记》再现渔民海上捕鱼的鲜活场景，刻有24个立体的人物，挑战最早的《核舟记》，可以打开的窗户、环环相扣的铁链，一旦有所疏忽就会前功尽弃。《蜻蜓之音》中展开翅膀的蜻蜓，栩栩如生就不用说了，更使人诧异的是在灯光下，蜻蜓那薄如蝉翼、晶莹剔透的翅膀，刻画着清楚的纹理。

木雕作品《核舟记》

除了这些外，还有依托橄榄核、桃核雕刻的《水浒传》《二十四孝》等作品。期待周大师以后能创造出更多令人惊叹的作品。

整　　理 张皓月

指导老师 曹艳梅

竹 之 艺

竹子在我们日常生活中发挥着重要的作用，例如牙签、竹席，甚至国宝熊猫的主要食物也是竹子。而竹子除了实用以外，更是拥有成为艺术品的潜质。在我第一次听闻竹雕时，脑海中浮现的只是竹编篮子，经过本次采访我才意识到自己的想法是多么的肤浅。传统竹雕工艺有着悠久的历史，蕴含着劳动人民辛勤劳作的结晶，是国家级非物质文化遗产。

本次，我们有幸拜访省级竹雕大师——周桂新。周桂新大师从业以来在竹木艺术上不断创新，凭借东阳木雕传统的艺术功底，在竹根雕、核雕艺术上独辟蹊径，成为东阳竹工艺产业的开拓者之一。周桂新大师的主要作品有《西游记》《红楼梦》《宫灯》等。走进周大师家，院子里清幽的环境令我印象深刻。周大师爱竹如命，他想在整个周家村种植一百多种竹子，将整个村子打造成了一个竹观赏区。大师非常热情地接待了我们，带领我们参观了他的作品陈列室，陈列室共有两层，里面陈列着周大师大部分的作品。其中，《宫灯》这件作品令我难忘，这个宫灯采用了传统八角宫灯造型，有八个对立面。每一扇窗户的纹理都雕刻得非常细致，宫灯内部的细节更是栩栩如生。小小一枚宫灯却“五脏俱全”。周大师将自己的雕刻手法称为“移位的加法”，刚听到这个名称时我非常疑惑，雕刻竹子明明是在竹子上做减法，为何大师却将其称为加法呢？大师解释说，原本一段直径5厘米的竹子被雕刻成了长度50厘米的作品，在竹子上无中生有，可不就是加法。周大师看待事物的眼光与我们不同，我们所认为的“减法”到了他这就成了“加法”，我想我们对待事情不能从单一的角度去看，要寻找不一样的角度看问题。正因如此，周大师才能创造出如此多栩栩如生的竹雕作品。

周大师初中时因为家庭拮据而开始学习木雕，后来转攻竹雕。竹子的雕刻更是困难，竹子的中心是空的，稍有不慎作品便会报废。周大师坦言道，别人在休息时他在雕刻，别人在吃饭时他也在雕刻。他不会放过任何一个练习的机会。努力与天分是并存的，或许你学习的时间不如别人长，但勤能补拙，只要你肯付出努力就一定会收获回报。周桂新大师现在的成就都是靠自己的辛勤努力得来的。当我们问及周大师对自己的哪一件作品最满意时，大师坚定地告诉我们，他从来没有对自己的作品满意过，从不认为自己已经拥有最好的一件作品。他认为自己的技艺每时每刻都在进步，过去的作品代表的是他过去的技艺，而现在的作品又可以被未来超越。为了提升自己的技艺，周大师还曾去清华大学美术学院进修了很长一段时间。我认为这是我们需要学习的一种精神——不自满，不自傲。对于自己的成就不要过分重视，时刻铭记虚心求教的精神，不断努力超越自己。周大师虽然没有很高的学历，但他对于人生看得很透彻。周大师对竹雕有一种很单纯又很深刻的理解，在这么多年的雕刻中，他也有很多的感慨。“设者空也，制者心也，竹者雅也，藏者悦也。”“制者心也”指的是制作者在雕刻竹子的时候一定要用心，这既是对作品的认真，也是对竹雕的尊重。在采访中，大师很神秘地告诉我们，他有过很多奇遇，每当他睡觉时，他就会梦到许多雕刻精美的竹雕艺术品。我想这可能就是现实对于梦境的折射，日有所思，夜有所梦，周大师的辛勤劳作便是他创作灵感的来源。

“对于竹雕艺术的追求是永不会止步的。”周桂新大师说，他将努力去追求更高的艺术造诣，不断地努力创新，将最好的作品展现给大家，将竹雕艺术发扬光大。竹雕、核雕已经成为周桂新大师生命中的一部分，流淌于他血液中。周大师不仅对竹雕的技艺十分重视，同时他对竹雕的传承也十分重视。在他的工作室中有多位学徒，周大师会亲自指点学徒们关于竹雕的技艺，毫无保留地传授自己的经验。在采访的最后，周大师也对我们给予了寄语，希望我们能够试着去了解非物质文化遗产的相关知识，重视非物质文化遗产的传承，学习非物质文化遗产的创造过程。非物质文化遗产是人类精神文化的传承，落实“非物质文化遗产走进课堂”，让当代年轻人能够近距离接触非物质文化遗产，更深刻地体会其中的中华传承精神，使它成为我们永不灭的精神传承。我们要让这些非物质文化遗产不再成为“遗产”，而是成为传承！

合影（左二为周桂新大师）

文 周怡然

指导老师 曹艳梅

吴初伟

1947 年生，浙江东阳人。高级工艺美术师，高级技师，国家级非物质文化遗产代表性项目“东阳木雕”传承人，中国工艺美术协会高级会员，浙江省工艺美术行业协会常务理事，东阳市木雕研究设计院院长，金华市古汇园林建筑工程有限公司总经理、总设计师。1991 年被复旦大学特聘为客座教授，并受邀做艺术讲座。1996 年荣获“中国工艺美术大师”称号，2016 年被评为“亚太地区手工艺大师”，现被誉为“东阳木雕领航人”。

以木雕之名　延传统之根

木，源于自然，从古至今与人们的生活密切相关。它像是大自然对人类的馈赠。木雕则是基于各种木材和树根进行雕刻。

中国最早的木雕艺术起源于新石器时期，有着悠久的历史。如今，木雕分了许多派别，最著名的有东阳木雕、乐清黄杨木雕、广东潮州金漆木雕、福建龙眼木雕。2008年，木雕经国务院批准被列入第二批国家级非物质文化遗产名录。

学艺：路漫漫其修远兮

我出身于书香世家，祖父为清末秀才，父亲毕业于南京政法大学。我儿时受知识熏陶，喜欢文化的同时也热爱画画。于是，在父亲的指导下接触了东阳木雕，跟从几位德高望重的大师学习技艺。我努力学习木雕各种流派的雕刻技巧，在漫长的练习过程中，我也创作了一些作品。

考入中国美术学院后，我开始积极钻研东阳木雕。这段时间的深造，为我以后对东阳木雕艺术与文物古建筑文化的研究打下了基础。实践是认识的基础，而认识又能推动实践的发展。因此，这些实践和理论也为我之后撰写的论文做了一些准备工作。

至今，我已经与木雕相伴四十多年，渐渐融合各类雕刻的技法，创造了四百多件木雕作品，类型各不相同，也各有特色。

传承发展：与时俱进

东阳木雕的传承和发展是与时俱进的。相比温州乐清的黄杨木雕，东阳木雕不受材料的限制，几乎是无木不雕。关于材料，过去是采用香樟木、银杏木，后来发展到东北椴木。而相比福建莆田木雕的工艺美术思想化，东阳木雕则是工艺美术产业化。

随着中国改革开放，东阳木雕也迎来了发展机遇。红木家具业基于木雕基础，融入了东阳木雕的特色，渐渐发展成为一个品牌。而旅游业的兴起和古建筑园林的修复，以及一些崇尚返古艺术装修的室内装饰，都对红木家具业的发展有着极大的推动。在东阳从事木雕的人，从我学习时的三千人左右扩展到十五万人。当今提出的文化发展倡议也使东阳木雕有了新的突破。东阳木雕是实用化的工艺美术，技法较全面、广泛。它有十二种技法，包括双面雕、镂空雕、圆雕、浮雕、阴刻等。这些技法都可以融入红木家具以及旅游开发所带动的室内装潢。

东阳木雕的与时俱进是在传承的基础上进行改革创新，因此，它才得以保留与发展，并在时间的长河里生存下来，仍然出现在人们的生活中。

文化底蕴：《三国演义》与《红楼梦》

从小受诗书的影响，我对传统文化有着自己的看法。我认为，创作要与社会接轨，要与时俱进。

因为喜欢阅读四大名著，后来我从《三国演义》中汲取了一些灵感。当年关羽撤退不及，归降于曹操。而曹操又是重才之人，得知关羽投降更是喜出望外，为收服他为己所用，赠予金银财宝与锦袍，可惜关羽丝毫没有领情，用青龙偃月刀在众人眼下挑起了锦袍。后来，关羽赴曹操宴席时，将他所赠锦袍穿在内，刘备所赠战袍穿在外，以此来表示自己对刘备的手足情。我巧妙地将曹操的重才与关羽的重义结合在一起，创作了《曹操赠袍》，而这正是基于深厚的文化底蕴。令我感到非常荣幸的是，后来这件作品被当作国礼赠送给美国前国务卿鲍威尔，来表明中国对美国持一贯友好的态度。

木雕作品《曹操赠袍》

另一件令我满意的作品是《红楼诗韵》，它的创作也是借助于文学名著《红楼梦》得到的灵感。这件作品是我于1997年参加第四届中国工艺美术大师评选时设计的。在实际构思中，我打破了过去由深到浅的层次感，花了三个月的时间制作，给大家展现了一种体现层次感的新模式。

《红楼梦》之前已经被木雕界的各位前辈完美地展现过了。我在创造作品时一直在思考该如何突出自己作品的独特性，雕刻出不同于前辈的一面。在回顾名著的过程中，我重温了众人在大观园上演重阳诗会，进行才艺比拼的

木雕作品《红楼诗韵》

情景。脑中突然闪过一个灵感，将传统木雕表现的“画”与《红楼梦》的“诗”结合在一起会是怎样一幅景象？有了构思之后我便开始尝试，也就有了《红楼诗韵》这件画中有诗、诗中有画的作品。

与木对话：灵魂之间的交流

东阳木雕的工序一般经过构思、选材、打坯、修光、取料、修框、油漆、上色等步骤。做一件木雕作品时，一开始就要构思好。若构思后期出现问题，还可以从打坯的环节来补救。

木雕之本在于手艺人要学会与木头对话，木雕的每一步工序都离不开木头，木头才是基础。木头是有生命力的，我们这些手艺人要了解它、开发它、利用它。与木头对话，是指我们根据设计图的内容去了解木头的木质、色泽等。我们对用料非常讲究，由于市场化的发展，现在选材比较方便。

打坯和修光可以说是制作木雕时非常注重的两个环节。打坯是从大方面入手，为木雕整体定型。而修光则着眼于小方面，为木雕修缮细节。两者相辅相成，各有优势。

作为手艺人，我制作木雕时会静下心来倾听木头的“心声”，只有了解它才能更好地把握对它的感觉，才能使木头通过作品大放光彩。这是一场灵魂与灵魂之间的交流，也是工匠将其匠心完美地展现出来的过程。

木雕传承：拜师学艺

学习一门手艺时，拜师可谓传统。俗话说，磨杵成针、水滴石穿。我们这些制作木雕的精干人员也是通过拜师学艺一点一点地磨炼自己的技艺，只有日积月累的练习和创作，才会有今天的成就。

在浮躁的社会环境下，即便我有想要将木雕传承下去的心，现代的年轻人也很少具备传承的条件。即使选定自己的职业，他们大多数也不一定能够坚持。大家都希望自己的才能被肯定，也希望通过自己的能力来获取最大化的效益。木雕作为一项传统工艺，最重要的一点是不能急，因此在当代社会很少会成为年轻人的选择。从事木雕行业最基础的品质就是耐心和坚持。如今，这个行业的从业者越来越少，而我们这一代木雕手艺人在无奈的同时，也会寻求一些方法让木雕技艺后继有人。

我们愿意承担起传承木雕传统工艺的责任，培养学生学习技艺。教授毕生所学也是为了让木雕能更好地被传承，不让其消失在历史长河中。这也是我们作为工匠所需要的一种精神。即使现状并未达到我们的预期，但将来是未知的，我们应该也必须相信当代年轻人对传统工艺继承的能力。成千上万人当中总会有一些静下心来并用心对待木雕的人，他们会努力传承木雕。而我们在静静地等候这些人出现的同时，也会全心全意地传播木雕传统工艺。

口　　述 吴初伟
整　　理 吴冰媛
指导老师 梁　妍

巧手奇雕

几天前，我有幸参加了学校的文化活动，采访国家级木雕大师、东阳木雕传承人吴初伟。经过近两个小时的访谈，我们结束了工作，并与大师告别。返回的途中，不免感慨良多。

与其叫他大师，我更愿意称他一声“先生”，这是中国人自古以来对人的精神境界与人格的较高称谓，我认为吴大师配得上此称谓。

初次造访，先生匆匆放下手中的工作，急忙赶来。虽然先前我已了解到先生已年逾古稀，但仍被先生的精神状态和他身上的气场，以及眉宇间的神态所震撼。寒暄寥寥，先生热情地将我们迎进访谈室，开始了访谈工作。与其说是访谈，倒不如说是闲聊。每每讲到得意之处，他不禁眉飞色舞。根据我们提出的问题，先生向我们主要讲述了他学习木雕技艺的整个历程，此外还谈到了当今中国木雕产业的现状以及木雕文化传承的情况。谈及这些，先生就像孩子一样，时不时还幽默一下来缓和气氛。最后，先生直言不讳地提出了现在木雕产业发展的困惑及其产生的原因。先生一脸的担忧与严肃，甚至显出一丝力不从心与无奈，足以见得他对木雕的热爱。我们希望他的事业能发展得更好，让我们的子孙后代能看得见这些传世瑰宝。

我从先生的口述中得知，如今木雕产业以及木雕文化的发展前景不容乐观，究其原因，还是中国市场经济大环境引发的困扰。市场经济不可避免地造成公众的浮躁心理，似乎已经不能理解孟子所说的“君子以仁义为先”，而追求现实中的利益，对精神文化层面的事物不甚注重，这也不免使木雕文化的传承受到影响。先生指出，当前，只有靠政府等有关部门和机构拿出实实在在的优惠政策，才能够去吸引人们投身到木雕这个行业。只有先解决生存问题，才有资本谈艺术的传承。我心中不由地产生崇敬之情。

先生在谈笑间让我领会到了一位国之匠人的匠心与理想，这或许就是他们被称为“大国工匠”的原因吧！将自己的一生融入艺术品，赋予它们文化与精神的灵魂，他们无愧于“大师”的称号。

合影（左三为吴初伟大师）

文 韩谏杨

指导老师 梁 妍

陆含阳

1976 年生，浙江东阳人。从事木雕艺术 20 余年。东阳市非物质文化遗产项目传承人，中国木雕艺术大师，高级工艺美术师。现任两家工艺制品有限公司总设计师，作品获得各类奖项 20 余项。其作品《花好月圆》获“百花杯”中国工艺美术精品奖。其多项作品被收藏于国家级、省级和市级博物馆。

不忘初心，追于木雕

1976年，我出生于木雕世家，从此，我的生活就与木雕结下了不解之缘。

小时候，我的太外公是乡邻中最有名的工笔画艺人，擅长佛像等工笔画，奶奶受太外公影响也从事了木雕行业，并在一家木雕厂工作。在奶奶的影响下，父亲在奶奶工作的木雕厂里学习，并对木雕产生浓厚兴趣。在陆光正大师的指导下，父亲继承了这门手艺并开创了现在东阳木雕中最具特色的木雕之一——“陆氏阴雕”。众所周知，浙江有三雕：东阳木雕、乐清黄杨木雕以及青田石雕。东阳木雕以平面为主，材料也是多种多样的，有樟木、进口柚木、花梨木、乌木、红木等。因为樟木有浓郁的樟脑香味，木质柔润，纹理细密，耐浸、耐湿、不易变形，硬度与韧性适中，容易加工，具有易入刀、不易崩、防虫蛀等优点，所以适合雕刻精细的浮雕、圆雕和多层镂空通雕。而阴雕也是雕刻的一种，又称沉雕，是将雕刻材质平面刻掉一部分，使文字或图案凹于钩边下且比材质平面要低的一种雕刻手法。阴雕依赖熟练和准确的技法，使线条有起讫和深浅的效果。

我耳濡目染也从事了木雕行业，在被称为木雕业的“黄埔军校”的东阳木雕总厂学习，三年学徒，六年伴工。上学的第一节课就是学磨刀。俗话说：“磨得好刀，吃得好饭。”也就是说，磨刀不误砍柴工，因此工具也很重要。木雕的工具分为两类：毛坯类和修光类。按其功能可分为选材取坯工具、雕刻

陆含阳大师介绍木雕工具

工具、调漆工具、打磨工具、髹涂工具、描绘工具、敷贴工具七大类。以前的工具以石头为主，需要自己打磨。那时东阳的交通还不怎么发达，需要徒步走一个小时山路，上山寻找合适的材料打磨成需要的形状。现在有专门的抛光机器，因此更加方便。木雕制作的关键是设计，设计是整个作品的灵魂。设计的灵感来源于生活。我小时候爱看戏，因此设计的时候它会给我灵感。正如造房子一样，如果设计出了问题，再好的房子也会坍塌。雕塑，雕是加法、塑是减法，一加一减便成了艺术。哪里雕、哪里塑都是手艺、艺术，需要制作者用心地做。除了设计还需要什么才能做好木雕呢？关键是勤奋专注，不能中途放弃，无论行业行情如何都要坚持，做事可以慢一些，但是要做好，因为勤奋和专注比天赋更重要。

从事木雕行业需要了解许多知识，我需要通过不断的学习与累积来增加自己的审美能力和专业技能，比如从古至今的服饰特征，人物、动物等的神态和动作特征。以前没有复印机，做木雕又需要有绘画功底。为了获取材料，我们就借绘画书，自己对着书画下来，每天对着书没日没夜地画。同时，为了提升自己，我去浙江师范大学学习，就读于电脑艺术专业，学习更多的技能。

2006年，机缘巧合，我被聘为昇财工艺制品（浙江）有限公司总设计师，继续自己的木雕之路。公司经常与日本合作，因为很多日本人信佛，所以很多人都喜欢在家里放置一个佛龛。我曾代表公司为日本三宝山“无量寿寺”设计制作木雕装饰，并受到了日本友人的高度评价。除此之外，在销售方面也会有家具和嫁妆等的木雕装饰订单。木雕在当时有巨大的市场需求，公司与中国台湾、东南亚等地区都有合作。但一时的盛行和盲目扩张导致市场萎缩，近两年的销售量较前几年有所下降，一方面是因为手工艺产品大多以批发为主，另一方面是运输不便（体积大、易损坏）的问题。因此，除了外销，我们也在密切关注国内寺院，希望打通国内市场。

伴随木雕业的发展，从明代起，木雕已经逐渐被应用到建筑、祭器、家居陈设等方面。至明代晚期，木雕艺人能够综合运用浮雕、沉雕、圆雕和通雕等多种技法，从平面雕饰向单层通雕发展，技艺成熟，并逐步形成地方风格。雕刻题材丰富，物像造型简练，神态生动逼真，刀法明快有力，具有较高的艺术水平。清代，社会相对稳定，经济繁荣，木雕装饰成为社会风尚。特别是晚清时期，发家致富的海外华侨纷纷出资在家乡大兴土木，建造祠堂、居室，雕梁画栋，促进了木雕艺术的发展。雕刻题材包罗万象，工艺水平空前提高，多层镂空通雕技术炉火纯青，在与描金漆画、髹漆贴金等多种装饰技法的结合下，木雕以构图饱满、精巧细腻、玲珑剔透、金碧辉煌的艺术风格闻名中外。

随着社会的发展，各类家具层出不穷，对木雕的需求减少，木雕行业也相对萎缩。除了市场外，木雕行业的传承也是一个大问题，现在的木雕工人越来越少，基本上在40～50岁这个年龄段。由于木雕行业出师年限长，以前的人为解决温饱问题，能吃苦赚钱，愿意去学木雕并且能坚持下来，一般初中毕业就进入木雕行业学习，到二三十岁出师。但是当代年轻人大多数是独生子女，吃不了苦，坚持不了，再加上社会对学历的高要求和木雕行业资金回收周期长，导致木雕行业不受当代年轻人的喜欢。与此矛盾的是，木雕行业从业者既需要有文化底蕴，又需要有深厚的绘画功底，导致木雕行业的新鲜血液越来越少。当然不仅仅是我，整个东阳地区的木雕行业都在迫切地关注木雕的传承问题。

不过，有一个乐观的情况是近期有一些出身于美术学院的学生在毕业后选择学习木雕。现在也有部分木雕厂出现了转变为个人工作室的现象，正如中国台湾地区的模式，求精不求量，这应该会成为木雕行业未来的发展方向。

在众多的作品中，《丹凤朝阳》是我最爱的一个。这个作品的创作我花了长达十五个月，它的造型像一个太阳。“丹凤朝阳”，顾名思义是牡丹趋向光芒生长，凤凰向着太阳翱翔，牡丹寓意富贵吉祥，凤凰代表着祥瑞，两者相结合表达了一种向美而生的愿景和老百姓对美好生活和家庭美满的向往。作品厚达20多厘米，在灯光的照耀下，光与影完美地结合，凸显出与木雕的距离感和层次感。

木雕作品《丹凤朝阳》

自中华人民共和国成立以来，木雕业的发展几经起伏，最终在传承与发扬中被赋予了全新的意义。木雕制品以满足当代人审美需求的独立摆件为主。近年来，在题材、构图、造型、技法等方面的突破让历史悠久的木雕艺术绽放出新的光彩。灯光的运用、衬托，适合现代家庭，色彩、材料和各种审美都在改变和创新。国外的雕塑相对而言更加抽象，而国内的雕塑则更加具象。

东阳木雕是国家级非物质文化遗产项目，是中华民族优秀传统工艺。希望大学生朋友们能传承东阳木雕制作的木匠精神，专注做好每一件事。

口　　述 陆含阳
整　　理 杨　梅
指导老师 王　芳

传承东阳文化，弘扬工匠精神

东阳木雕历经千年，原木质地永不改变，故又称“白木雕”，是浙江省三大名雕之一。我们采访了中国木雕艺术大师、省级工艺美术大师——陆含阳。陆大师耐心地向我们介绍东阳木雕的特色，它以平面浮雕为基础，借助圆雕技术，采用散形透视与线面结合的方法来雕刻。它具有结构完整、层次分明的特点，一般广泛应用于建筑和家居装饰领域。《丹凤朝阳》是陆大师较为得意的作品，整件作品造型像一个太阳，象征着完美、吉祥、光明，寓意老百姓家庭幸福、对美好生活的向往。

陆大师从小跟随中国工艺美术大师陆光正先生学习木雕，经过十多年的打磨，也成为一代大师。他给我们分析中国木雕产业的现状以及木雕产业发展的困惑与原因。现在木雕这门手艺逐渐走向衰落，因为很少有新鲜的血液输入。想要做好木雕必须经过至少九年时间，但许多年轻人迫于经济压力、时间成本过高等现实因素，往往半途而废，影响了木雕工艺的传承。此外，想要达到木雕技艺的巅峰，必须要有创新、独特的构思与想法融合在木雕中。大师的言语中透露着对木雕前景的担忧，甚至显出一丝无奈。正是因为大师对木雕的热爱，所以希望它能发展得更好，让子孙后代能看到东阳传世手工艺作品。

回程后，大师的这番话让我陷入思考之中，我联想到了“工匠精神”。什么是“工匠精神”？它是指工匠对精炼品的精神理念。工匠精神的一个特点，就是往往在某一领域力求做到极致。在新时代，我们要继承和发扬精益求精的工匠精神，影响和带动身边的人，为建设社会主义现代化强国做出自己的贡献。事实上，工匠精神存在于世界的每一个角落。比如法国的酿酒师，不借助器具，手工一颗颗地挑选葡萄并碾碎，在粉碎和压制之后进行长达12小时的发酵，再澄清并进一步陈酿。最后，酿成我们生活中喝的葡萄酒，这便是酿酒师创造出来的奇迹。同样的人还有很多，他们在世界上的不同角落，用自己的技艺，结合独有的文化内涵，创造出完美的艺术品。

在追求速度的过程中，我们更加需要拥有工匠精神，它是对于完美的不懈追求。细节决定成败，许多人可能都体验过，因为一个零件、一条线路，其中每个数据的小心计算与排列，可能就得花费很多时间。也许在许多人眼中，工匠精神更像是“鸡蛋里挑骨头”，吹毛求疵。但其实不然，这种精神潜移默化地造就和影响了许多人。

如果我们说工匠精神的组成是细节，那么创新应该是工匠精神的核心。工匠精神是思维不断散发，技术不断进步，方法不断尝试。对于一种知识的获取、一个问题的解决、一个小小的突破的实现，我们把所有的精力都投入其中。充分的思考，草稿遍桌，只为把量变促成质变。在许多人眼中，工匠精神更像是在“钻牛角尖”。但事实上，正是这种精神造就了许多伟业。华为的横空出世不是偶然，正是因为他们坚持创新并通过创新脱颖而出。华为的创新体现在方方面面，技术、管理方式、售后服务模式等。它是一种以客户需求、市场发展趋势、技术市场化过程的创新为主导方向的针对性创新。这种创新能力是企业可持续发展的基石。创新是工匠精神的灵魂，是国家进步的灵魂，是国家繁荣的不竭动力。

工匠精神，可以说是细节和创新的结合。工匠精神是一种态度，态度将引领细节、创新。《劝学》中说：“不积跬步，无以至千里，不积小流，无以成江海。”每一个细节和积淀，终将助其成功。陆大师和其他大师们尽自己的力量推动着东阳木雕的发展，诠释他们的工匠精神。同时这也带给我们很多启示，作为新一代青年，我应该学习陆大师在木雕造诣上的工匠精神，把握生活中的每一个细节，肯吃苦。相比东阳木雕的学习需要九年的时间，大学的学习时光更加短暂，因此我更应该珍惜在校的学习机会，学习更多的专业知识，培养自己的创新意识与创新能力。毕业后，我们要有积极的就业观，吃苦耐劳、追求精益求精、不怕挫折，保持乐观进取的态度。

合影（左三为陆含阳大师）

文 王宇哲

指导老师 王　芳

陈国华

1976年生，浙江东阳人。字一为，号仁斋主人。2006—2008年进入中国美术学院国画系深造，2010年结业于苏州工艺美术职业技术学院。现为中国木雕艺术专业委员会副秘书长，浙江省美术家协会会员，金华市美术家协会副主席，东阳市文联副主席，东阳市美术家协会主席，东阳市工艺美术行业协会执行会长。其创作的“画意木雕”系列作品获得国家发明专利，他多次应邀到美国、瑞士日内瓦联合国总部、日本等地进行文化和学术交流。

木雕之路，任重道远

追求艺术，更是自我沉淀

我自幼喜欢美术，但那时东阳没有美术学校，于是我便选择与美术相关的木雕，与木雕结缘。在学习木雕的过程中，慢慢地我发现工艺美术已经无法满足我对艺术的追求，于是我在2006—2008年这段时间便去了中国美术学院深造，学习中国画，2010年结业于苏州工艺美术职业技术学院。

我觉得东阳的木雕与其他地方的木雕是有所不同的。大多数木雕依托于当地的文化形成一种风格，而东阳木雕雕刻在古建筑中，主要以浮雕为主，层次感十足又具有装饰性，因此东阳木雕多用于室内装饰。而我在学习木雕的过程中发现，木雕不仅仅是一门手艺活，更是一门艺术。木雕的创作大多是建立在中国文化背景下，因此形成自己的文化修养是一件非常重要的事情，在木雕的表现形式和内容题材上都要有自己的理解。只有自己的文化修养足够高，才能将木雕作品升华到艺术层面。

提升自己的文化修养需要沉淀，不仅需要有一双善于发现美的眼睛，更要有一颗沉得下来的心。在作品上，我们要追求的是意境，而不在于这个作品有多么精致，刻画得有多么细腻，如果作品没有灵魂，它便只是一个工艺品，无法上升为所谓的艺术品。创作木雕不是为了名和利，我对名利已经看得很淡。一个人追求艺术，如果将名利看得很重，那么这个人在艺术的道路上将寸步难行。

艺术既是一种境界，也是一种态度，更是一种内涵，追求艺术是追求文化和生活中高尚的品质和精神。艺术源于生活且高于生活，只有自己沉下心来，发现生活中的艺术，并抓住它，才能创作出好的作品。

近期我没有去看过自己开的工厂，我认为管理的最高境界是不用管理，因此我的工厂处于一种自我管理的状态。我一心追求艺术，将自己沉淀下来，以期更好地与艺术融为一体。

陈国华大师的第一幅作品

木雕创新，才能与时俱进

东阳木雕如今最缺乏的是创新，最重要的是推陈出新。在学习中国画时我发现，国画艺术重在用墨，而笔上的墨水在纸上所展现出来的浓淡，使画有着极强的层次感，这与东阳木雕是一样的。于是，我便将两者结合，形成现在的“立体山水国画”。创新是木雕文化接下来所要面对的一个最大的难题，不同艺术形式的结合，不同风格类型的尝试都是东阳木雕所要进行的一些改变。

艺术如果不通过创新来提升自我，那么它便毫无生命力。创新就像是艺术的生命，是艺术实现突破的一种标志，更是东阳木雕能够与时俱进、不断发展的原因之一。创新的前提首先是继承优秀的传统文化，在继承传统文化中学习，在学习中扬长避短，这是创新的最有效、最快捷的途径。只有不断地进行艺术的创新，才能推动艺术向着更高的层面发展。创新是一个民族能够进步的原因，更是民族文化的本质。要想发展优秀的中国传统民族文化，我们必须推动民族文化向着更高的层面进行艺术创新。

陈国华大师的工作室一景

换言之，如果艺术没有任何创新，光靠临摹和模仿，这样创作出来的艺术品是展现不出任何生命力的，又怎么可能发展呢?中华传统艺术让中华民族为之自豪和骄傲，是中华民族文化中提炼出来的精粹，那么如何在继承的基础上与当代世界文化有机地融合，给我们的民族文化注入新的生机与活力，需要引起我们的高度重视，进行认真研究和实践。

因此，东阳木雕不仅需要去学习古人所流传下来的技艺，更要与时俱进地融合一些现代的元素。只有不断地创新，才能推动中国文化艺术的发展。创新要敢于打破传统的束缚，反映时代特征、突出民族精神。通过创新的内容、创新的形式、创新的手段等，创造出中国传统艺术和文化的新辉煌。艺术只有创新才能生存下去，只有创新才能使之进步。墨守成规，一味地模仿前人，终究是要失败的。

乐观面对，前路一片光明

对于东阳木雕的前景，我一直保持一种乐观积极的态度，尤其是当有人说到传承木雕文化的时候。我没有收过一个徒弟，因为我认为自己还需要去学习，去追求更高的艺术境界。不过倒是有很多人跟着我做木雕，看着有人还在学习做木雕，我还是比较欣慰的。目前，国家越来越重视对非物质文化遗产的保护，从家族中的传承到开办相关院校，已经实施了许多方案来传承东阳木雕。但是还有很多问题需要解决，例如人们片面地认为学习木雕不是一件很好的事情，导致学习木雕的人比较少。我们要通过作品来展现木雕的真正魅力，吸引更多人了解木雕，感受其中的魅力，这既需要我们大力宣传木雕，也要提高人们的艺术素养，从而使其感受木雕的韵味与美。只有改变人们对木雕的不好的看法，才会有更多人来学习木雕。虽然学木雕的人比较少，但是我们可以尽自己的绵薄之力来引导人们去了解木雕。木雕已经传承千年，只要人们重视这个传统文化，它便不会那么轻易地消亡。传统文化需要新鲜血液的注入，只有更多的年轻人来学习和了解东阳木雕，东阳木雕才能发扬光大。我们相信，有着新鲜血液注入的东阳木雕，未来一定会是一片盛景。

道路虽然有着艰难险阻，但前路却是一片光明的。在这个崭新的时代，虽然东阳木雕面临许多的小问题，但是只要我们能够解开这些小问题，我相信东阳木雕一定会发展得越来越好。

采访（左一为陈国华大师）

口　　述 陈国华
整　　理 张智豪
指导老师 陈　超

沉淀只为绽放

暑假，我有幸参与了学校组织的东阳木雕大师访谈活动。在参加学院的培训之后，我们就开始准备采访材料，收集关于大师的信息，整理采访提纲。我们不忽略每一个细节，力求准备得更加充分。

几天后，我们怀着忐忑的心情踏上了采访的旅程。激动是由于我们有机会和那些木雕大师近距离接触，而忐忑是出于不知如何与大师们更好地交流。我们到达了陈国华大师的工作地点——东阳木雕小镇，来到陈国华大师的工作室，首先映入眼帘的是潺潺的流水和一片葱绿，室内种植着各种花草。悠扬的琴音，空灵的鸟叫声，彰显了人与自然的交融。

在采访中，我们得知陈国华大师与木雕结缘是出于兴趣。陈大师从小喜欢画画，但由于当时环境受限，东阳没有美术学院，而与美术有着最大关联的便是木雕。于是，他自然而然地去学习了木雕。出于对美术的热爱，陈大师先后于苏州工艺美术职业技术学院和中国美术学院深造。谈及木雕的未来，陈大师表示需要不断地创新。“没有创新，便是死路一条。”现在愿意吃苦，沉淀自己来学习工艺美术的人也越来越少。我们要在中国的文化背景下形成自己的文化修养，这不但需要兼收并蓄，并且要推陈出新。木雕也需要与时俱进，不然会被社会淘汰。

在访谈中，令我印象最深刻的就是他道出了木雕手艺人的现状。木雕讲的是写实，而手艺人一直都在模仿前人，很少有自己独立的作品。他说，在古代工匠的地位极低，而当代工匠的艺术修养也还不高，很少有人把工匠视为艺术家，他希望将木雕升华到艺术层面。而他也一直在潜心创作，陈大师的专利作品是木雕与画的结合，我相信它是对木雕升华到艺术最好的阐述。

谈及他认为的最好的作品，陈大师说自己还没有创作出最好的作品，并表示自己不想被定型，虽然认为自己没有最好的作品，但陈大师却有一幅最值得骄傲的作品，它便是自己学习木雕之前的一幅小木雕画。那时的他从来没有接触过木雕，却能雕刻出栩栩如生的景物。他说这是他所有画里最值钱的一幅画，拿多少钱都不会卖的。未来还有无限可能。他会一直沉淀自己，形成属于自己的艺术语言。

儒雅风度、大师风范是我对他的印象。无论在木雕还是在生活方面，陈大师的谦逊态度都让人敬佩。他一直把自己放在徒弟的位置，从不认为自己是大师。他一直在不断地沉淀自己，抱着一颗谦逊的心。他说心态可以成就一个人。

面对木雕行业的市场环境，虽然他没有办法改变大环境，但是会做好自己小环境中的事。只要是好的东西，自然而然会有人欣赏。他说："我能做的就是不断地创作出好的作品。当你的作品不再是去迎合他人的喜好，而是让他人主动来欣赏，你才不会被淘汰。"他对文化和人生境界的思考让我望尘莫及。在现代社会，只要稍不留神就会陷入别人的思考方式中，而陈大师一直在坚守着自己，守着初心，不随波逐流。

谈到创作灵感，陈大师说会触类旁通，与艺术相关的都会尽量去涉及。他的创作灵感大多源于生活，他会创作出更多美好的东西。此次对陈大师的访谈让我感触颇多。对于木雕，陈大师用自己的方式谱写着木雕的未来，不断沉淀自己，不忘初心。这使我明白学习和艺术一样需要沉淀，需要耐心。

我们应该充分利用在校的学习时间，不断夯实专业基础知识，提高专业技能，要肯去学、肯去钻。瓷器再精致华丽，也是由粗劣的石头经过一千多摄氏度的高温烧制而成，如果不能经过痛苦的沉淀，何来出水芙蓉之清纯美丽？沉淀，是一种生活态度、一种精神。经过岁月长久的沉淀，只为绽放出更加优秀、更加完美的自我！

合影（左三为陈国华大师）

文 程梦佳

指导老师 陈 超

陈一中

1976年生，浙江东阳人。浙江省高级工艺美术师，中国工艺美术行业艺术大师。师从亚太地区手工艺大师陆光正先生。在师法东阳木雕诸多流派的基础上，博观约取，厚积薄发，自成体系;艺术风格气势雄浑，格局宏大，雕刻细腻，意境柔美。2018年获东阳市市长质量奖个人贡献奖。在东阳木雕小镇创办个人艺术馆，从事高档木雕工艺品和木雕建筑装饰制作，多次参与设计并制作国内重要建筑的木雕装饰，如：杭州雷峰塔、楼外楼餐馆、无锡灵山梵宫（包括重修）、北京雁栖湖APEC会议厅、G20杭州峰会国际博览中心会议厅等。2014年独立承担了横店龙景雷迪森庄园的木雕设计与制作。

坚守初心，做个手艺人

缘起

有人说："前世五百次的回眸，才换来今生情怀依旧。"那前世的我，想必对那精美的木雕蓦然回首多次，才换来我今生和木雕的不解之缘。

在中华民族灿烂的文化艺术中，有一朵绚丽奇葩——雕刻艺术，而其中的木器雕刻，又以浙江东阳为佳。北京故宫、明清皇陵、杭州灵隐寺及名庙古刹等处精美的木雕，大多出自东阳木雕艺人之手。因此，东阳被誉为中国"木雕之乡"。我很荣幸，出生在充满木雕氛围的东阳。

小时候，我一抬头，映入眼帘的便是那些雕刻精美的牛腿、雀替。它们或威严、或温柔、或厚重、或轻灵，仿佛从地面上升起一股气托举着屋子，使整个建筑充满了灵动感和生机，给我留下了深刻的印象。小时候也没有很多有趣的玩具，我就常常用泥巴来捏成自己喜欢的东西的样子。元代丘处机曾说过："顿觉灵风，吹开魔阵，形似木雕泥捏。"其实，木雕和泥捏在很多地方有着相同之处。因此，泥捏是我走上木雕之路的启蒙老师。

16岁那年，当父亲询问我未来打算做什么的时候，我的心中开始有一个声音在呐喊——木雕，我要学习木雕！那细致入微、活灵活现的雕刻早已深深地嵌入我的脑海，让我怎么也摆脱不掉，更何况，我根本就不想摆脱它，那精妙绝伦的木雕早已深深地将我折服。父亲尊重了我的愿望，送我去和大伯（陆光正大师）学习木雕。这是我和木雕缘分的正式开始。

但是，学习木雕的过程是很枯燥的，年轻气盛的我总是心浮气躁，始终没办法全身心地投入木雕的学习。更何况，当时的我，还有更喜欢的一项运动——篮球。我花了不少时间在打篮球上。我父亲知道后，语重心长地告诫我，“你没有打篮球的天分，打篮球只能是你的兴趣爱好，不应该花过多的时间。”为了劝诫我，他还送了我一首当初村主任送给他的打油诗，“吃自己的饭，干自己的事情，自己的事情自己干；靠天，靠地，靠祖宗，全不是好汉。”每次读这首诗，我能感受到父亲对我真挚的教诲之心。后来，为了时时刻刻地激励自己，我就把这首打油诗贴在当时放行李的樟木箱里面。每当我觉得木雕学习枯燥的时候，我就会打开樟木箱，看看那首诗，然后就有动力继续学下去。因为我知道，那是父亲对我的谆谆教诲。

缘深

为了能够不断加深我和木雕的这段缘分，我从选材方面就非常严格。古建筑上面拆下来的木料是我的首选。这种木料基本上都是由香樟木、金丝楠木之类的名贵木材组成的，本身就有一股淡淡的香气。这些经过了几百年风吹日晒的木料充满了厚重的历史感且不容易开裂，虽然制作成本高了一点，但很适合作为雕刻的木料。当然，我也会用新料进行雕刻，但是如果用新料，作品完成的时间就要延长很多，自然晾干的作品至少要放两年才能彻底完成，即使是烘干的作品，也要放上一年。这是为了保证这些作品的质量，历时这么久的作品都能够流传很多年。

我很珍惜自己和木雕的这段缘分，而它也似乎很珍惜与我的这段缘分。我常常不经意间，看到生活中的某件事物、某个场景，就会联想起木雕。就像“喜悦”系列的第一幅作品《喜从天降》，那是偶然的一天，我路过街边，看到有一株石榴枝从路边人家的墙边伸出来，沉甸甸的，它带给了我灵感，创作出

木雕作品《喜上眉梢》（“喜悦”系列第二幅作品）

“喜悦”系列。这幅作品描述的是历经岁月沧桑的马头山墙，已是墙皮剥蚀，露出隐隐青砖；一株挂满累累硕果的石榴枝却从墙内探身而出；两只喜鹊各立于枝头、墙头，深情对望；忙碌的蜘蛛于枝丫间结网成功后，沿着长丝直降而下，意欲饱食石榴绽裂的果实的画面。石榴、喜鹊本是传统木雕中常见的图案，经过外形的创新设计，与传统山墙、八卦蜘蛛网“混搭”，变得现代、时尚；石榴的“多子多福”，蜘蛛的“知足常乐”，喜鹊的“开门见喜”，经过巧妙组合，展现的无疑是育诞麟儿的“喜从天降”之快慰。这是“喜悦”系列的开篇之作，也是我的得意作品之一。其实，只要你善于观察，生活中就充满了艺术，俗话说得好：“艺术，来源于生活。”

其实很多人都像我一样，和木雕有缘分，只是大多数人白白浪费了这段缘分，没有和木雕形成属于自己的独特的缘分。人力可为，要有自我，只有不断创新，创造出自己的作品风格和作品理念，才能不断地加深你和木雕的缘分。同时，我们还要继承传统，取各家之长融入自己的作品。只有这样，你才能和木雕形成独特的缘分。

缘续

现在的我，已和木雕结下了不解之缘。我希望，未来的我可以延续这段缘分，更希望能有更多的人和木雕结下一段缘。

想要延续这段缘分，对于现在的木雕手艺人而言，就是要做到十个字——耐得住寂寞，守得住繁华。耐得住寂寞，方能内心平静，才能在木雕方面有所作为；耐得住寂寞，才能专心致志，心无旁骛地去做木雕；耐得住寂寞，才能不忘初心，持之以恒地去做木雕。对木雕技术的追求，就像小孩子一样，从出生到培养成人，需要一段漫长的过程，然而一件好的作品的完成，对一个艺人来说是莫大的欣慰。想要做好木雕，除了要耐得住寂寞，还要能守得住繁华。当时和我一起学习木雕的人，有很多手艺都比我强，可是他们中很多人在小有名气之后，脑子里就只想着财富或者名声，不能潜心琢磨手艺，手艺一点点退步，最后名利双失。因此，想要做好木雕，就要视名利为身外之物，这些东西都没有认认真真、踏踏实实地用手里的刀，一点点地刻出自己的作品来得重要。制作一个完整的木雕作品要经过数十道工序，从设计到包装，每一步都很重要。任何一步出错，它都不会是一个好的作品。如果一个手艺人无法坚守初心，那他手上的功夫只会变得越来越弱，再也创造不出好的作品。而好的艺术作品可以传世，手艺人倾心于手作之美，而甘于出活慢而少。艺术之妙，终归于心。以拙朴之心，造至爱之艺。以今人之心，行古人之事，享受匠心之致。只有耐得住寂寞，守得住繁华，才能使你和木雕的这段缘分延续下去。

其实现在整个东阳木雕行业，正处在青黄不接的时期，如果再不采取一些措施，那么，东阳木雕将逐渐走向衰落。可是，现在很少有人愿意学习木雕，因为学习木雕太苦了。“路漫漫其修远兮，吾将上下而求索。”这句话用来形容木雕学习很合适，学习木雕是一条长期的路，在这条路上，你会遇到很多困难。枯燥乏味的训练，对未来的茫然失措都会一点点地消磨你对木雕的热爱。但如果你可以将这些前进道路上的困难化为不断前进的动力，总有一天，你会突然发现，正是这些困难磨砺了你的意志，锻炼了你的手艺，让你在木雕这个行业不断前行。

“长风破浪会有时，直挂云帆济沧海。”我希望能有更多的年轻人学习木雕，能够不畏艰难、砥砺自我，领略木雕的魅力，让木雕工艺发扬光大，让木雕精神深入人心。

木雕作品《吉地三元》

口　　述 陈一中

整　　理 侯典宜

指导老师 王灵拓

耐得住繁华，守得住寂寞

我感到很荣幸，大学期间的第一个暑假能有机会去木雕小镇采访陈一中大师。陈一中大师对东阳木雕的热爱深深地打动了我，让我对木雕有了一些了解，对这些匠人产生敬佩之情。木雕，作为中国的一种传统文化，它值得被更多的人了解，并继承和发扬。

陈大师出身于书香门第，在其十六岁时说要学一门手艺养家糊口。在这样的家庭环境熏陶下，他选择了木雕并为之奋斗了一生。大师的成名作是《少女之春》，人物融合了汉族和傣族少女的特点，体态温柔，将女子在最美丽的年纪的美全部展现了出来。陈大师的作品分为几个系列，其中他最得意的是“喜悦”系列里的《喜从天降》。这幅作品体现了陈一中大师的创新精神。例如要雕刻一只蜘蛛，不是把木雕做成蜘蛛，而是利用类似制作木乃伊的方法把蜘蛛做成标本。当时没人知道这项技术，这也是大师的得意之处。这并不是单纯的继承，而是在继承中创新，在创新中发展。

一个人的理念往往会决定他会做什么事。陈大师的父亲送给他一首打油诗，“吃自己的饭，干自己的事情，自己的事情自己干；靠天、靠地、靠祖宗，全不是好汉。”正是父亲真诚的教诲，影响了他一生。“人力可为，要有自我”“继承传统，走向现代”“艺术来源于自然又归于自然”“古为今用，洋为中用”等都是大师所倡导的木雕学习过程中应该遵循的守则。也许正是因为这些守则，潜移默化地让大师的作品增添了几分淳朴的色彩。就像大师对木雕的取材，就是从古建筑上拆下来的。古建筑上拆下来的柚木等木材，经过了风吹日晒，很少开裂。用于木雕的制作也能很好地保存，不会产生因为木材而损坏作品的现象。就算没有古建筑木材，他也会将新木放在地下室烘干两年。

陈大师希望大学生们能够耐得住寂寞，守得住繁华。反观如今的木雕行业，为何人才流失？他认为是缺少了吃苦耐劳的精神。作为一个手艺人应该明白，学习木雕是一个十分艰苦的过程，并且收益来得慢，投入也很多，一般要八年才能出师。起早贪黑给师父打扫卫生，前期也没有任何的工资和收入。并不是师父压榨劳动力，而是师父作为一个过来人知道学好手艺要先磨掉性子，锻炼吃苦耐劳的能力，才有坚持木雕的毅力和耐心。能让手艺人在繁华中独守那一份对木雕的喜爱，坚守自己的信念。

每年东阳木雕技校都招收许多学生，这些学生都因热爱木雕来拜师求学。可惜很多人是三分钟热度，能够毕业且真正有一番作为的人很少。随着时代的发展、科学的进步，这个社会变得越来越繁华，人也变得越来越浮躁。高新技术产业等新兴行业的崛起，使得大量人力投入其中，也吸引了许多失业人员的加入。这种现象对于社会是一种进步，它增加了就业率，提升了人民的生活水平。但它对于传统手工艺的继承却是一种打击。身处繁华容易忘本，人能快速地获取收益为何要选择等八年，说到底就是远水解不了近渴，人还是太浮躁了。手工艺人辛辛苦苦地工作，花了三年五载呈现了一件作品，却无人欣赏。就像千里马遇不到伯乐，一幅好的作品就被荒废。人们追求利益的同时，无暇欣赏这些美好的传统文化。

木雕，正在逐渐被我们遗忘。传统文化是中华民族的魂，也是中华民族的骄傲。作为中华儿女，我们应该为了传统文化的传承和发展贡献出自己的力量。传承弘扬文化，成就美好人生。借助先贤成就，打造现代经典。留住天地历史间，再现华夏五千年。

合影（左二为陈一中大师）

文 屠 川

指导老师 王灵拓

姚忠虎

1971 年生，浙江东阳人。高级工艺美术师、第五届浙江省工艺美术大师、东阳木雕传承人。师从中国工艺美术大师姚正华，从事木雕设计、制作 30 余年。现任东阳市姚忠虎木雕创作有限公司经理兼总设计师。16 岁进入东阳市木雕技校学习，从而了解了东阳木雕这朵工艺之花的美丽。主攻中国传统家具和木雕装饰，其创作来源于生活、服务于生活，强调“古为今用”“美实相兼”。

与古为伴，推陈出新

木雕，提升

我是土生土长的东阳人，对东阳木雕或多或少有些了解，也慢慢产生了兴趣。1986年，我初中毕业，考上了当时的东阳市木雕技校，时任校长是陆光正先生。那会儿跟我一起参加考试的学生有2 000多人，最后录取90人，考试内容主要是绘画。当时，我们没有专门学习绘画，一般都是自学，然后参加考试。那时，东阳市木雕技校的老师都是来自中国美术学院，他们主要教我们素描、速写、白描等一些基础技巧，真正的木雕技艺还是由东阳的木雕大师来教的。

我的第一幅作品是1991年设计的《华夏文明》，获得了东阳市木雕节特等奖。2000年之前，我主要是学习木雕技艺，自己创作比较少。木雕并不是一门简单的手艺，要想做出好的作品，用十几年打基础是很正常的。在不断学习的过程中，我觉得自己还有很多需要提升的地方，于是，2000年拜姚正华大师为师，跟着他学习了4年。在跟姚大师学习时，他反复强调的，也是令我印象最深刻的十六字口诀："前浅后深，宁方勿圆，凸出凹进，凹进凸出"。"前浅后深"说的是在设计浅浮雕作品的时候，前景浅、后景深，整体画面要体现出层次感。"宁方勿圆"指在雕刻的时候要注意块面的处理，要把块面、大面、小面等结合起来，体现出阴暗面。"凸出凹进，凹进凸出"说的是在设计的时候要考虑设计图跟实际作品之间的联系，考虑每一步的雕刻。这十六字口诀不仅仅是针对木雕技艺，还有对个人品格的要求。不管是作品还是人，都要有正气与厚道。除此之外，姚大师还经常跟我说诸如“站如松，坐如钟，行如风，睡如弓”之类的话。他认为，一个人得先拥有优良的品格，才能做出真正好的作品，而这些对我日后的创作和日常生活都产生了非常大的影响。

别墅装饰

2004—2008年，我受邀参与山西大同文化地标——凤临阁——的木雕装饰制作。它的木雕是明清风格的，中国传统木雕在这里得到了充分的体现。可以说，参与凤临阁的木雕装饰制作是我人生中最值得骄傲的事情之一。随后，我又完成了江西德兴聚远楼、贵州福泉古城（万三府和雄镇楼）等重大历史文化项目的木雕装饰。在参与这些项目的过程中，无论是创作灵感还是木雕技艺，我都受到了很大的启发。

木雕，终身

最开始的时候，我们收入很低，只能勉强达到温饱，因此跟我一起学习木雕的人中很多陆陆续续也就放弃了。我们是中国改革开放后的第一批学生，那会儿大家生活条件都还不怎么好，我的很多同学跑到深圳去学泥雕，因为泥雕收入比较高。我因为比较热爱木雕，哪怕生活条件不好，也一直没放弃。后来，我参加了很多项目的木雕装饰制作，并从中得到了一些灵感。我想，木雕能不能用到每个人的生活中去呢?

于是，我慢慢地开始试着做传统中式木雕家具和装饰。但在摸索着把木雕和生活联系在一起的过程中，我发现木雕作品跟木雕装饰还是很不一样的。于是，我实地走访了东阳各地的传统民居和周边地区的文保建筑，最远的到继承并保存了中国唐代官式建筑的日本考察参观，积累了大量的素材。终于，我在传统中式装饰和木雕家具的制作中有了自己的一点心得。

我的大部分创作灵感主要是来源于生活，如我的代表作《丰收的季节》《绿色家园》等，也有一些是来自书本或者对前人的作品进行二次创作。我的作品中出现了大量的人物，东阳木雕中的人物雕刻很容易出现千篇一律的现象。因此，在人物塑造上我也花费了大量的精力，作品中每个人物的表情、身形、动作都要有所区分。在创新的过程中，我致力于让作品更贴近生活并且符合现代的需求与审美，也始终坚持将古代与现代相结合，不忘初心，兼顾发扬。一边创作，一边学习。

木雕，终生

我认为，东阳木雕目前的发展还是比较困难。一方面，主要是现在本地学木雕技艺的人很少，而且现代人的心情过于浮躁，他们面临的诱惑太多了，很难真正静下心来去学习这门手艺。他们都追求速度，缺乏钻研的精神和长期的坚持，但木雕是一门需要耐心和时间的技艺。想要成为一个木雕手艺传承人，不仅仅需要天分和悟性，都说勤能补拙，后天的努力和勤奋也很重要。想要做一件好的作品，花费几年甚至十几年去打磨也不为过。木雕手艺人这一辈子都在不停地学习，不断地提升，只为了创作更好的作品。另一方面，现在很多人对木雕技艺传承人存在很大的误解，他们认为只有那些读书不好的人，为了生存才去学一门木雕的手艺。如果现在有人学木雕，大家的第一反应都是这个人成绩不好，带有歧视的意思，时间长了，年轻人也会觉得学木雕技艺有点丢人。但事实上，东阳木雕是传统文化技艺，传承了几千年，因此也更需要一批年轻的学者参与，他们有更先进的思维和眼光。东阳木雕需要年轻人和老手艺人一起，共同继承、共同创新。

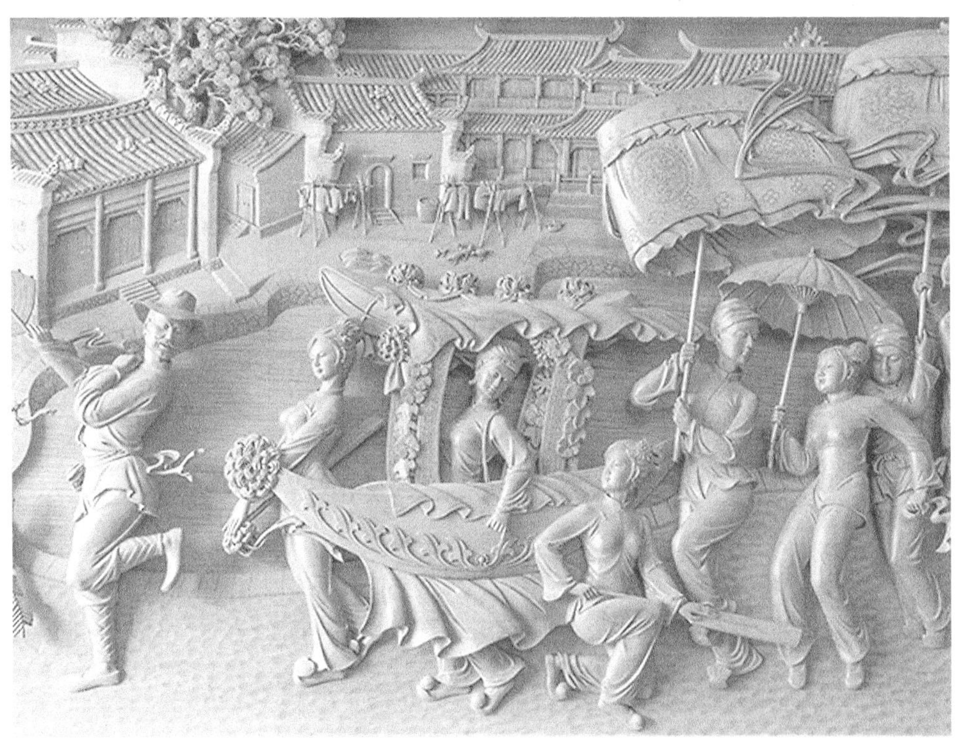

木雕作品《客家风情》

还有一个问题就是木雕作品的接受度低，很多人不理解木雕的美，觉得木雕作品不是生活必需品，没必要浪费钱去购买。因此，把木雕跟人们的生活结合在一起是非常有必要的，这也是我一直在做的事情。我的作品《一枝一叶总是缘》就是在茶艺桌的制作中融入了茶树的元素——把茶桌脚雕刻成了花苞，在茶椅上雕刻茶树枝叶。在茶艺桌挡板上运用了阴刻的手法，隐约体现了茶树的有山有水的生长环境。这个作品表现了我以及很多爱茶人士对茶的感情，也体现了茶文化的韵味。

但好在越来越多的人开始关注东阳木雕，政府也越来越重视，很多人慢慢地改变了他们对木雕的看法。我相信，未来东阳木雕会被更多人知道，也会有更多人愿意学习木雕这门技艺。但无论未来怎样，我都会一直坚持下去，做自己热爱的事情。我也希望年轻人能一起参与，提高东阳木雕技艺，传播东阳木雕文化。

口　　述 姚忠虎
整　　理 徐浠静
指导老师 李　慧　金言睿

木雕是一种生活，亦是一种态度

迈入大学的第一个暑假，我们来到东阳木雕小镇，通过走访省级木雕大师姚忠虎，从姚大师对从事木雕事业的感受和反思中深入了解了木雕技术的历史、文化和发展，以及姚大师对木雕作品的热爱与付出。这次走访让我对这个陌生的木雕文化又多了几分认识和敬畏，让我的人生道路上又增添了一些新的启迪。木雕文化，应该值得被人们发扬和继承。

姚大师是土生土长的东阳人。因为自己对木雕的了解和兴趣，1986年他初中毕业，考上了当时的东阳市木雕技校，时任校长是陆光正先生。在学习过程中，有成功也有曲折。他的第一幅作品是1991年设计的《华夏文明》，获得了当时东阳木雕节特等奖。但他觉得自己的技术还远远不够，于是在2000年拜姚正华大师为师，跟着他学习了4年。他一边创作一边学习，不知不觉从业三十多年。

访谈时，姚大师上身穿着一件绿色短袖，下身则是一条牛仔裤，简简单单却不失风度。他对我们微笑着，一边问候着我们，还一边给我们沏上他亲手泡的茶。对于我们提出的问题，他也非常耐心地回答。他说话速度很慢，为的就是让我们能够有足够的时间做笔记。当提到姚正华大师的时候，他反复向我们强调的，也是令我印象最深刻的十六字口诀“前浅后深，宁方勿圆，凸出凹进，凹进凸出”和“站如松，坐如钟，行如风，睡如弓”之类的话。这些表明了姚大师对木雕技术的看法和态度，更多的是向我们传达了做人的态度。

我们要明确做人的态度。姚大师认为，一个人得先拥有优良的品格，才能做出真正好的作品。做人要正直，要硬气。何为正直？正直是人类的一种优秀品德，也是人类社会对个体性格的一种理想追求。正直同公正、善良、智慧、勇敢、诚实等人的高尚品德一样，一直受到赞赏，并且成为当代社会思想道德建设的核心。

那么，我们要如何做一个正直的人呢？首先，做到表里如一。我们应该做到身正不怕影子斜，脚正不怕鞋歪，做一个品行端正的人，这样做事才会更加有底气，所谓“心底无私天地宽”。其次，不要贪图私利。正所谓“正人先正己”，做一个正直的人，就不要谋私利，更不要贪图一时的利益，而且做到不阿谀奉承和不阳奉阴违。永远不要期待“天下有免费的午餐”，美味的佳肴只能靠自己。再次，做事要光明磊落。不要总是想做一些偷偷摸摸的事情，当心“偷鸡不成蚀把米”，让自己遭殃。要坦坦荡荡，这样才能赢得他人的信赖和尊敬。最后，要坚定不移，有坚强的意志。的确，生活并不都是如你所愿的，没有我们想象的那么简单。迫于现实的种种压力，我们可能会丢掉财富等一些宝贵的东西。姚大师在最开始的时候，收入很低，只能勉强温饱，跟他一起学习木雕的人很多也都放弃了，但他始终不放弃木雕。在最艰难的时刻，他熬过来了，他成功了。因此，不要轻言放弃，心中要有坚持的信念。

“无论未来怎样，我都会一直坚持下去，做自己热爱的事情。”这是姚大师给我们寄语中的一句。对于正在求学的我们来说，应该要有自己的追求和理想，并付诸实践，青春值得我们去奋斗、去闯荡。青春年少时，不可畏首畏尾，抓住机遇也要拼搏进取。正如木雕文化，我们很少有机会去接触它，但东阳木雕需要我们这批年轻人共同去继承与创新，文化传播需要我们，作品构思需要我们。尽管木雕只是众多艺术形式中的一种，但是我们也不可以放弃。现在有越来越多的人开始关注东阳木雕，政府也越来越重视，很多人慢慢地改变了他们对木雕技艺的看法。我们更应该接过他们的接力棒，更加严格地要求自己，争取为社会做出贡献，让全世界都能了解这一美丽的文化——东阳木雕。

这次与姚忠虎大师的访谈，让我受益匪浅。只要端正自己的态度，明确自己的人生目标，踏踏实实地去做，美好的未来会属于我们，我们将找到真正的自己。

合影（左三为姚忠虎大师）

文 许泽允

指导老师 李 慧 金言睿

王向东

1976年生，浙江东阳人。高级工艺美术师，第三届浙江省工艺美术大师。中国工艺美术协会木雕艺术专业委员会副秘书长。全国轻工行业劳动模范，金华市拔尖人才。历任浙江东阳木雕集团有限公司首席工艺师，东阳市黄派木雕研究所所长，东阳市王盛记木雕创作室主任。先后主持或参与浙江省人民大会堂、重庆市委礼堂、天津迎宾馆、上海东郊宾馆、苏州东山宾馆、上海静安寺、杭州灵隐寺、昆明世界园艺博览园等重要工程的木雕设计与施工。其代表作品有《益寿三友》《京华正茂》《芙蓉观音》《九九归一》《又绿江南》等，《富贵泽天下》被中国财税博物馆收藏。

千年技艺醉东阳，精雕细刻永流芳

樟木芳香幽幽萦绕，是谁流连在这一片淡雅馨香中；雕刻声响阵阵回荡，是谁沉醉在这一片清脆绝响里。一方天地、几把工具，匠人独坐在属于自己的木头前，任木屑飞扬、木香环绕，此起彼伏的雕刻声钉住了捕捉时间的网。倏而刀锋回转，木头上流光溢彩，小小空间，一人一木相视足矣。

这是减法艺术带来的绝妙体验。何为减法？即雕刻到极致。何为减法艺术？即精雕细刻的木雕过程和精美绝伦的木雕作品。而在众多木雕中，我们最为之震撼的是“东阳木雕”。

漫漫发展史

“岁寒万木雕，松柏始杰然。”宋代诗人裘万顷对木雕颇为赞赏。由此可知，木雕艺术早已源远流长。我想告诉大家的是，其实木雕最早起源于新石器时期，因此毋庸置疑，木雕本身就凝结了时间，它见证了沧海桑田、历史变迁。而在时间的洗礼下，形成了东阳木雕、乐清黄杨木雕、广东潮州金漆木雕和福建龙眼木雕四大流派。其中，东阳木雕最具代表性，是四大木雕之首。

东阳木雕以“百工之乡”东阳为名，最早可以追溯到唐代，已有一千多年的历史。东阳木雕的形成除了得益于东阳得天独厚的地理条件和物质基础，还归功于那些南迁的精通雕刻的游匠。他们在东阳定居之后开始广收学徒，手艺逐渐流传开来，他们便在无意之中成了传播木雕文化的使者。到了清代乾隆年间，大批能工巧匠甚至被召进京雕刻宫灯、龙椅等。古时候雕刻的图案以山水、花鸟、走兽居多，精美细致又活灵活现，东阳木雕起初也被人们称为“雕花”。这门“雕花艺术”在民间被广泛应用，抬头屋檐、低头门槛，凡是看得见木头的地方就一定会有“雕花”的存在。古时候要是哪户人家建了新屋，一定会请木雕师傅来家中“雕琢一番”。雇主对雕工的要求高低和他家屋中木雕的精细程度，都可以成为人们判断一户人家财力大小的依据。而现在，人们生活中离不开的木制品，依旧存在木雕的身影。1954年，东阳木雕厂成立，东阳木雕第二次走向世界。在这之前，东阳木雕经历了兴盛与凋零的起伏过程，但在时间的洗礼下，最终还是绽放了自己的光芒。2006年，东阳木雕被列入第一批国家级非物质文化遗产名录。

精雕细刻，匠心独具

东阳木雕以浮雕为主，层次丰富又极具装饰性。它的选材可是个讲究活，我们一般都会选择老樟木，因为作品的成败很大程度上取决于是否体现出光感和阴影，所以首先要看木材的光泽。能够衬托出作品整体色彩的木材才是好木材，像我们通常做一件深色调的作品就会选择在浅色的木材上雕刻。

选材之前自然是离不开设计。木雕的设计关键在于确定主题。在古代，木雕的主题常常由雇主确定，有权势的人家往往会要求木雕师傅将自己的房屋雕刻得华丽无比，以此彰显富贵之气；书香门第则会选择具有文化气息的主题；如果是工匠们自主命题，他们就会走街访邻，看看老戏、听听书，然后从中获得灵感，之后用木雕的形式还原戏文里的故事。尽管木雕的选题略显复杂，但无论是以何种方式确定了主题，也无论是确定了什么主题，木雕本身都寄托了工匠们自身的情感，体现他们的人文情怀。这一点，从古至今都是不变的。因此，一件真正好的作品，应该是寄托了匠人情感并能反映时代特点。

我们讲的打坯、修光、雕刻、打磨等一系列精细工序就是选材之后的事了。这个环节最能体现“减法艺术”的精髓所在。木雕之所以被人称为“减法艺术”，是因为它的美是在不断削减之后产生的，而做减法难度远大于做加法，一步出错全盘皆毁。因此“预留”就显得格外重要，不懂预留的木雕工匠不是好工匠。木雕的工具则以凿子为主，主要分平口凿、圆口凿和三角凿三种类型。非常可贵的是，木雕师傅不仅自己来雕木材，连工具也可以自己做。刀口怎么样淬火更适合雕刻，刀柄怎么做更顺手，每一代工匠都会总结出自己的经验。作品完成后，也可以像书画作品一样进行落款。落款与否和木雕的位置则要考虑作品的整体效果，这也在一定程度上体现了作者的审美情趣。

放眼展望，雕刻未来

很长一段时间，人们喜欢把木雕叫作“民间艺术”，这不仅是因为木雕对人们的生活影响深远，还因为木雕工匠们大多出自民间。以前人们为谋生纷纷学艺，木雕也由此盛行一时。起初，那些身怀绝技的木雕师傅往往被称为“匠人”，人们觉得匠人负责造物，仿佛匠人最早就是“木工”的代名词。后来随着时间的推移，人们口中渐渐出现“艺人”一词。东阳木雕厂成立之后，在那里学习过的一些前辈就被人们称作“老艺人”。“艺人”这个词本身就具有文艺家的意蕴，更强调的是“技艺”中的“艺”。两个称谓间还是存在很大差别的，从“匠人”到“艺人”的转变，说明了人们对手工艺人们的认识已经从物质文明层面转变到精神文明层面。而作为手工艺人，他们更愿意被叫作“艺

王向东大师现场展示木雕制作工序

人”。现如今，还有一些资历丰富的老匠人会被称为“工艺美术家”或“工艺美术大师”。很显然，称谓的不同其实在一定程度上反映了人们对于木雕这门传统工艺的态度变化，说明人们开始欣赏这门艺术而不只是停留在实用性上。尽管如此，由于木雕的耗时较长，学习木雕也并非一日之功，再加上没有系统化的培训，缺少耐心的现代年轻人往往很少会去选择木雕，守护木雕传统的新生力量逐渐减少。我们这一代传承人，正是因为意识到这个问题，才更加重视木雕的继承与发展。2018年5月，东阳木雕被列入第一批国家传统工艺振兴名录。对木雕的继承与发展已引起了国家重视，这确实是令人庆幸的，但作为木雕传承人，我们依然不能放松，我真心希望越来越多的人去继承和发展木雕传统工艺。

木雕作品《梦醒》

木雕传承的方式具有多样性，从之前的家族继承和开门收徒到现在开设院校，向全国招生进行专业化教学。总的来说，木雕发展的大背景是不错的，前景也会是令人欣慰的。但我们也不能忽视发展中存在的问题。我们现在可以做的，首先是引导人们去认识像木雕这样的传统艺术文化，尤其是要改变广大家长的看法。虽然现在的家长愿意送孩子进高校学习一些文化艺术，但他们大多是不愿意让孩子当一名手艺人的。这就很大程度地影响了传统技艺的继承，因此需要加大宣传力度，设法改变这种观点。其次是要培养年轻人的审美情趣和人文素养，只有这两方面提高了才会懂得如何在作品中体现自身情感，才能赶上时代潮流，用作品反映时代新景象。我们的木雕文化已经拥有了千年历史，相信在国家的重视以及传承人们的努力下，它是不会轻易消亡的。传统文化艺术的新道路是需要年轻人来开辟的，我们还是要有信心，相信在新生力量的支持下，木雕一定会在将来大放光彩。

口　　述 王向东
整　　理 石丽萍
指导老师 童小婉

藏在木头里的艺术

走进东阳，走进木雕

家中的电脑桌上摆着一件木雕艺术品，一头狮子张着血盆大口，聚精会神地盯着前方，像是在找寻猎物。它的毛发晶亮，展现出无限活力。这件小小的艺术品，却成了这大大空间的主角，让我不禁感叹是怎样的巧手，才能将大地造就的木头变成有生命的雕塑。偶然的机会，我跟随校教师团队来到东阳，在这座有千余年木雕历史的小城中，近距离并且深入地了解木雕，探寻藏在木头里的艺术。

专心制造，匠心独具

此次我们拜访的是王向东大师的木雕工作室。打开工作室大门，一股木头的醇香萦绕在鼻间，不似玫瑰的浓郁，也不似雏菊的淡香，却使人感到心情舒畅、惬意。关于木雕技艺，王向东大师认为，木工讲究标准化，从木头的选材到雕刻，再到最后的完成都有其标准，却也展现着灵动性，在雕刻中预留空间，适当保留平面、小块留白与高远叠压的层次，包含着减法艺术。这大概就是长辈们常说的，“留下该留下的，丢弃该丢弃的。”既然生活中没有办法鱼与熊掌兼得，那么就抓住自己认为最精彩的、最想要的。在采访过程中令我印象最深的是大师对制作工艺的阐述，他觉得相比精益求精，自己更看重恰到好处，每块木头都有其独特之处，恰到好处地雕刻才能赋予木头生命，才能让人解读出反映在木雕作品中鲜活的画面和情感。我听得入了神，看着工作室中陈列的木雕作品，不禁再次感叹手艺人的独具匠心，对我们来说普通的木块，在他们眼中却如同孩子一般，倾注自己全部的热情与耐心，精心设计、细细雕琢，最终将其打磨成一件富有内涵的艺术品。随着采访的逐渐深入，我深刻感受到“匠人”与“艺人”的不同之处，匠人为我们创造物质文明，而艺人传承着精神文明。作为一位成功的手艺人，在王大师作品中流露的，是物质与精神的共同呈现。

守护传承，发展创新

在观摩工作间的过程中，我发现手工艺人大多是老一辈的叔叔阿姨，很少看到年轻人的身影。王大师遗憾地说，现代的年轻人难以潜心传统技艺，因此出现了从业人员技艺不精、普遍流失的现象；而即使学会了专业技巧，却缺少传统工艺的聚集力。我能感受到王大师对东阳本土文化的担忧，东阳千余年的木雕历史，蕴含丰富的文化底蕴，受既定环境的影响，东阳人对木雕有独特的审美情趣，而手艺人的外流，使这项技艺不能完整地传承保留。如同电影《百鸟朝凤》中讲到的，“不能把唢呐吹到骨头缝里，就担不起传承的责任。”一方面，失去了根的手艺，就如同失去了灵魂。另一方面，我想最好的感谢方式是技艺传承，而最好的传承是青出于蓝。时代变迁，创新与发展才能使老祖宗的手艺迎合时代潮流，让其打破时空的限制，在任何时候都能大放光彩。

保护非遗，你我同行

木雕是一代代木雕艺人和欣赏者们共同创造的中华优秀传统文化，和其他非物质文化遗产一样需要保护与传承。沉默的木雕技艺折射出往昔的影像，解读着逝去的繁华与落寞。它们都是一代又一代人智慧的结晶，是非物质文化遗产中的瑰宝。正在消失的非遗已经为我们敲响了警钟，我们应该行动起来，开设相关课程或者推广，让年轻人了解木雕文化，让木雕深入日常生活，守护这份匠心，传承这项技艺。非物质文化遗产，不仅是一个民族生生不息的根脉，更是传统文化源远流长的精髓。在新时代的号召下，我们更迫切地需要保护非遗时代精神和价值内涵，向世界展示中华文化的魅力。保护非遗，你我同行！

合影（左二为王向东大师）

文 金萱萱

指导教师 童小婉

何红兵

1969年生，浙江东阳人。高级工艺美术师，第四届浙江省工艺美术大师。浙江省民间文艺家协会会员，浙江省创意设计协会会员。历任东阳市工艺美术公司创作室副主任、东阳市东风竹编工艺厂副厂长。其作品壁挂《夜神图腾》获东阳市首届工艺美术节一等奖；《宝座》《哪吒闹海》《大象》《咏鹅图》《九狮挂屏》《吉祥如意》等作品多次获全国和省部级奖项。1997年庆祝香港回归祖国作品，2500米《竹艺长龙》的主要设计制作者。参与修复故宫倦勤斋和乾隆花园的宝座和屏风等。其多件作品被国际竹藤组织总部和中国竹子博物馆收藏。

守正出奇，让竹编插上飞翔的翅膀

奇人匠心

因为父亲是中国工艺美术大师，我从小对竹编和木雕耳濡目染。小时候，父亲在设计创作竹编时，我就在旁边玩，到现在我对父亲编制的竹编玩具印象还很深刻。高中毕业后，源于对艺术的兴趣，我到中国美术学院的设计专业进修了两年，1988年加入了东阳美术公司。在这里，我遇到了良师——中国工艺美术大师姚正华，师父善于设计，担任了多件东阳木雕与竹编精品的设计师，尤其是在竹编领域拥有过人的造型能力，师父的教导为我的设计能力的提升打下基础。1991年，我亲自设计制作的竹编作品《夜神图腾》参加东阳市首届工艺美术节评比，获得一等奖，这让我在东阳工艺美术行业内崭露头角。正所谓竹木不分家，东阳竹编与东阳木雕并称为浙江东阳地方传统工艺美术的两朵奇葩。在从事东阳竹编设计制作多年后，站在前人的肩膀上，我开始涉足木雕领域，成为“既会画又会雕”的年轻工艺师。但对于我来说，一生挚爱甚至最难割舍的还是竹编。20年前，许多像我一样的竹编手艺人纷纷转行，依然留下来坚守技艺的已是凤毛麟角，直到竹木的跨界融合，竹编市场才迎来新的景象。因为既擅长木雕，又擅长竹编，我尝试将木雕和竹编技艺在同一载体上跨界呈现，独创了属于我的风格，同时我奉行“守正出奇”之道，用传统而严谨的技法，实现了题材与造型上的创新。如今，竹编和木雕文化的结合更是东阳工艺艺术的一大特色。竹编和木雕的相互映衬，往往使作品更具有吸引力。

让东阳竹编焕发新生命

近些年，虽然竹编的原材料变化不大，但是我们会考虑一些创新因素，使得竹编更加有吸引力。首先，我们会根据材料的特色做出不同效果的作品，比如保留材料的形状和表面的纹理；其次，完成一件作品需要三大工序，分别是做成模型（泥塑、脱胎、打磨）、把竹子劈成丝（分层、刮面）以及编织，其中最重要的工序是编织，如今有几百种编织的技法，怎样把最合适的编织技法用到作品中去很关键，这也是我创新的一大方向。比如在原创音乐剧《白蛇惊变》中，我运用东阳竹编传统的“乱编法”制作了以寺院住持的锡杖为原型的“锡杖”灯具，层层渐变，上下两端编织层次轻薄，方便透光，且让灯柱变得通透；中间处编织的层次厚重，让长长的灯柱稳固，变化的柱身让灯柱整体变得轻盈，这件作品得到了业界的高度评价。在杭州湖滨银泰购物中心的东阳竹编版“鸟巢”里，我用300多块竹编花板制作了一只“七彩神鹿”，制作过程中使用了二十多种东阳竹编传统编织技法，编织出不规则的三角形、梯形图案，组合成一个多棱体结构，凹凸有致，巧妙地对应着鹿的肌理构造。虽然编织图案很传统，而且融入了撞色的“红配绿”，但是经组合后显得非常和谐，“红配绿”也因为“古驰配色”的风格而充满国际范。在与父亲合作的作品《关爱》中，我突破了传统东阳竹编的动物造型，第一次将动物与其生活环境作为一个有机的编织主体，巢穴用乱编法编织而成。整件作品运用了十字编、弹插、贴片等手法，通过对竹丝颜色的处理，使本色经纬十字编织的松鼠与棕色经纬十字编织的巢穴、树桩，形成了强烈的视觉对比；在制作的时候，我也会把竹编木雕与国画联系在一起，充分地运用国画中留白的因素，使得作品既充满画意又栩栩如生。

总而言之，现代的工艺品需要传统的文化内涵来沉淀，使之成为经典；同样，传统的工艺品需要创意变化，赶上时代潮流，这也是东阳竹编焕发新生命的一大原因。传统手艺也需要适应现代生活，寻古，只是本源，是初心，但仍然需要注入一些新的设计理念来适应当下的需求，以开放的心态，拥抱当下。

木雕作品《关爱》

传统的东阳木雕和竹编往往注重技术而忽略设计，因此手工艺人也需要跳出自己的思维模式，改善传统手工艺的劳作感，提升工艺的时尚感和适用度。在创新的过程中，我们可能会犯错误，但是不去创新，我们就会停滞不前，因此未来竹编和木雕产业应该与时俱进，加入现代设计元素，不断创新。

我们需要更多潜心竹艺的年轻人

现如今东阳竹编和木雕在政府的支持下，已经成为当地的两大特色产业，但这个行业不可避免地呈现出老年化的趋势。当地的许多大师以及国家级非物质文化遗产传承人年纪都已经不小了，要使这个工艺要持续繁盛下去，就必须鼓励更多的年轻人去继承和发扬。遗憾的是，不少年轻人学习竹编和木雕的时候，缺乏持续的热情和毅力，能够真正将其作为事业的年轻人并不是很多。直接的原因可能是这个行业的发展基金不够诱人，同时大师的地位也缺乏保障。因此，吸引年轻人来学习竹编和木雕是当务之急，我们期待更多年轻人感受到中国传统工艺的魅力，加入这个行业。

口　述 何红兵
整　理 郑　思
指导老师 叶丽芳

因为热爱，所以精彩

试问有多少人可以集中精力刻画出一幅又一幅精美绝伦的作品？有多少人可以十年如一日地在一个岗位上如此拼搏？又有多少人可以坚持不懈地传承中国传统工艺而没有丝毫怨言？以上种种，何红兵先生做到了。

何红兵先生是土生土长的东阳人，他从小就喜欢并且擅长画画。1987年高中毕业，而第二年在杭州参加了美术培训。缘于师父姚正华大师和竹编世家的熏陶，何红兵先生对木雕和竹编产生了浓厚的兴趣。他对于木雕和竹编的热爱让人不由心生敬意。

可是如今随着社会经济的不断发展，很多人为了追求物质利益，而放弃了精神追求。灿烂的木雕文化，应该值得被人们继承和发扬。但是越来越多的年轻人不愿传承中国传统工艺。即使有一部分，大多也是美术学院的学生。在这种情况的影响下，中国传统工艺的发展无疑也受到了巨大的挑战。就这个问题，新时代年轻人应做到以下几点：

一是要培养勇于面对挫折和不放弃的精神。人们似乎都有一个共性：对某事物萌发激情容易，而维系这份激情却很困难。但是何红兵先生却是个特例，在访谈的过程中我们了解到他从小喜欢美术，为此他用几十年的时间证明了他对这项事业不懈的追求。从1988年到2019年，31年的光阴，他用如此长的时间从事着这项不被人熟知的职业。我们只看见了他的声名显赫，但是谁又知道他背后付出了多少艰辛呢？他每完成一个作品，都需要经过多个复杂的工序。比如在编织这道工序中，如今有几百种编织技法，但是他总是要在这几百种技法里找到最合适的编织技法。如果他在编织的工序中做到一半就放弃了，那么他怎么会拥有这么多不同于其他大师的不朽的作品？怎么会在中国传统工艺史上留下如此曼妙的芳名？

二是要寻找自己的特色。莎士比亚曾说："学问必须合乎自己的兴趣，方可得益。"缘于师父姚正华大师和竹编世家的熏陶，何红兵先生热爱木雕和竹编，并且在两大领域都成就非凡。对于他来说，竹编与木雕并非是水火不相容的两个领域。相反，从传统建筑和艺术品中，我们经常可以看到它们的融合。正是因为有了这些交融，他才能从中沉淀出独到的见解和内涵。

三是要有独特的商业眼光。优越的家庭环境，浓烈的艺术氛围培养了何红兵先生独树一帜的艺术商业眼光。当同龄人还在为生计发愁时，他已经涉足木雕与竹编收藏。历经20多年，他的"藏宝阁"网罗了千余件古木雕和竹编作品。同时，他也坚信，木雕和竹编市场有无限的发展前景。普通人出售木雕或竹编的方式是开设门面或招代理进行出售，而何红兵先生的团队开辟了以电商为主的销售模式，使作品的销售渠道更加广泛。

四是要在传承中创新。在和各个高校的老师和学生合作的同时，何红兵先生不断创新自己的木雕风格，创作了许多不同于传统的优秀作品。同时，他也吸收了荷兰、日本等国文化，在继承中不断创新，从而创作了许多不同于从前风格的作品。康有为曾说："太平之世无所尚，所最尚者工而已；太平之世无所尊，所尊贵者工之创新器而已。"可见，传承和创新是密不可分的。

通过和何红兵先生的交谈，我不禁由衷地敬佩中国传统工艺的宏伟，对

“兴趣”这二字的含义有了更深刻的理解，也让我更加从容淡定地面对即将来临的求职。

合影（左三为何红兵大师）

文 金子怡

指导老师 叶丽芳

卢解胜

1949年生，浙江东阳人。1962年开始学艺，至今已在竹编行业坚守了五十余年。由于技艺精、悟性高、肯钻研，他成为东阳竹编行业代表性传承人。2010年，其作品《仿古竹编宫廷八角食盒》代表东阳竹编前往北京参加“巧夺天工——中国非物质文化遗产百名工艺美术大师技艺大展”。2015年3月，被评为“中国传统工艺美术大师”。2018年6月，被评为“亚太地区竹艺工匠”。

匠心独运　竹言编语

由于竹坚韧不拔的品质，古往今来备受中国人的喜爱。文人曾用“千磨万击还坚劲，任尔东西南北风”这样的诗句来描写竹。而竹编这项传统工艺正是以竹为基础，是我国古代劳动人民辛勤劳作的成果。2008年，竹编经国务院批准被列入第二批国家级非物质文化遗产名录。

竹的生命力顽强。其亭亭净植，可弯曲，坚固结实。而竹编继承了竹的这些特性，在历史上曾是人们生活中不可或缺的一部分。

改革开放：占得先机

我是解放战争胜利那一年出生的，因此取名为卢解胜。浙江省东阳市六石街道北后周村的一间旧屋是我的工作室，我和妻子就在此工作。

北后周村村民大多以竹编谋生，我从十四岁时就开始学习竹编。后来和村民们到外村帮他们修理竹编农具，这是改革开放以前的事情了。

随着改革开放的推进，竹编用途逐渐从生产用具发展到工艺品。作为生产用具供农业使用时，竹编的做法会粗糙一些。而工艺品则要求竹编的做法偏向精致。我抓住改革开放的机遇置办了上海工艺品进出口公司六石工艺厂，与东阳竹编厂进行合作，为他们加工生产用于出口的工艺品。一般出口精美的篮子到美国、韩国等国。商家将美味的糕点放入篮中，再连同篮一起销售。

与塑料袋相比，竹篮既环保又美观。光是雅致的篮子就非常吸引人了，一想到里边放置着香甜软糯的点心或是芳香四溢的当地小吃，都会令人垂涎三尺，下定购买的决心。

由于出口业务量的减少，工艺厂解散后，我就在住所旁开设了工作室，主要生产做工精致、收藏价值较高的竹编工艺品。工作室以我和妻子作为制作竹编工艺品的主力，制作方向主要以本地传统为主。

卢大师介绍工具

成双成对：寓意美好

2010年，我代表东阳竹编前往北京参加“巧夺天工——中国非物质文化遗产百名工艺美术大师技艺大展”，这是由中华人民共和国文化部主办的一次展览会。本次展览会结合了图文展示、工艺品罗列和技艺演示，直观地呈现了我国非物质文化遗产的高超手工技艺。我的作品《仿古竹编宫廷八角食盒》也在其中。这件作品融合了十几种竹编的技法，经过竹雕、铜雕、贴金、漆艺等多个工序。食盒侧面的字和图案，以及顶层盒内的一对龙凤，都是由不同颜色的篾条穿插编织而成。看着八角食盒在阳光下熠熠生辉，我不由感慨精细的作品是值得花费大量时间和精力去完成的，也为自己所从事的竹编事业感到自豪。

竹编作品《仿古竹编宫廷八角食盒》

在这件作品中，我还做了一些创新。以往未出现的龙凤图案被我加入作品中，使得寓意更加美好。龙凤呈祥意指吉利之事。中国传统观念中，龙和凤都代表吉祥如意，同时出现更是指喜庆之事将要发生。

即使眼睛疲惫、双手酸痛，也不能阻止我完成这件作品。好的作品就需要我们手艺人静下心来慢慢创作。在时间的流逝中，发光发亮的不仅仅是作品，更是我们的工匠精神。

我关于工匠精神的解读：工匠们喜欢并且乐意不断雕琢自己的作品，不断改善自身的工艺，享受作品在双手作用下升华的过程。对微小细节有着高要求，追求极致与完美，对作品有执着的坚持。

我的作品，成对创作也成对销售，其寓意在于成双成对。中国人喜欢偶数，双在传统文化中具有美满、和谐的意思。我从事竹编工艺时也获得了一些奖项，2015年被评为“中国传统工艺美术大师”，2018年被评为“亚太地区竹艺工匠”。这些荣誉不仅是对我个人的认可，更是对我创作竹编工艺品和继承传统竹编工艺的一种肯定。

延续传统：复古婚庆礼篮

我的工作室外放置着两对未上色的成品礼篮，是顾客专程来这里定做作为婚庆的嫁妆。东阳、永康，甚至在国际上享有知名度的城市义乌，人们在一些方面有着注重传统习俗的意识。人们会采购婚嫁的礼篮，出嫁当天会在里面放一些金银首饰。对于嫁妆，我也遵循了成双成对的原则。礼篮这种易保存、易传承的传统物件，在当代延续优良传统思想的人群中非常受欢迎。

为了节省时间，我采用了流水线生产，因为单独做四个比起四个同时做更耗费时间。礼篮的挑子是深红色的，一个人可以挑两个礼篮。

除了大的礼篮，也有小的婚庆作品。小的婚庆篮子中放置的也是一些小点心。现在顾客的需求越来越多样化，我也会根据要求来完善自己的作品，钻研如何才能做到极致。制作礼篮时，我在东阳传统的基础上翻新了它的花式，融入了自己的一些创意，为传统增添了一点新意。我将传统竹编工艺与传统文化结合起来，改良了传统方面的花样，这是传承也是创新。

竹编礼篮

传统竹编工艺和传统文化都是在漫漫历史长河中一代一代地继承并延续下来，而能工巧匠的独具匠心则使这些作品闪闪发光并得到人们的赞同。室外的婚庆礼篮正在阳光底下展现着自己的魅力，它们只是静静地立在那儿，却能让人们为其缓缓散发的古典韵味而动容。

艰难之路：传承

社会进步使传统竹编工艺慢慢地淡出了世界舞台，渐渐走向边缘化地带。究其原因，在于传统竹编工艺不能适应现代工业化社会的发展，而且传统竹编工艺品不能满足现代人生活的需要。当代年轻人不愿意学习竹编，怕吃苦又费时间，而他们注重的经济效益却又是建立在长期练习的基础上。

由于入门看起来枯燥难熬，很多年轻人很难真正投入传统竹编行业。学习竹编的第一关剖篾都要花上几年，而且相比木工，竹编制作是没有机械设备的。竹编的加工技术是将整根竹子通过加工变成竹丝篾片的过程，需由手工完成，受伤则不可避免。因此，制作竹编作品时，刀和竹篾造成的意外受伤也使许多人望而却步，只停留在观赏阶段。

竹编传承这个难题，我看在眼里急在心里。我们这一辈人吃苦耐劳的精神还能延续竹编的传承，可是下一代人少有这样的精神，传承就遇到了困难。但还是有少数人依然在坚持自己对竹编的热爱，学习竹编、制作竹编、销售竹编、推广竹编。学好一门手艺不能怕吃苦，得有耐心，要不厌其烦地做同一件事，做到精才算好。鼓励、引导青年发扬工匠精神，保护和弘扬传统竹编工艺是竹编传承的当务之急。

手艺人通过自己灵巧的双手，将竹编从日用品升华为艺术品，而在这些手工艺品的背后是无数艺人锲而不舍、代代相承的工匠精神。正是数不清的日日夜夜，以及匠人的坚守和传承，才让古老的手艺流传至今。作为中国非物质文化遗产的重要组成部分，传统竹编工艺也显示着中华民族的思想智慧和创造才能，体现中华民族的审美情怀和儒雅品格。

作为从事竹编传统工艺的一名工匠，我希望大家可以去认识、了解竹编，也希望竹编可以一直传承下去。现在，国家非常重视非物质文化遗产的传承，有志人士也在努力的路上，我相信传统竹编工艺一定会后继有人，并且发扬光大，未来可期。

口　　述 卢解胜
整　　理 吴冰媛
指导老师 韦杏雨

不忘初心——竹编艺术之路

东阳竹编在殷商时代就已问世，而宋代的竹编工艺灯则闻名四方。明清时期，东阳竹编技艺发展迅速，门类众多。上至皇亲国戚的贡品，下到寻常百姓的家常用品，竹编制品比比皆是。2019年6月28日，我们很荣幸地采访了金华市传统工艺美术大师卢解胜先生。

浙江东阳六石街道北后周村的一间小屋里，一对夫妻戴着老花镜坐在各自的桌前忙碌着，这便是我们第一次见到卢大师和卢师母的景象。用“和蔼可亲”和“笑容可掬”这两个词来形容卢大师再合适不过了。他非常热情地邀请我们参观他的工作室，这是一间不到二十平方米，摆满了各种竹编半成品的屋子。在大师创作的工作台上摆放着十多把竹编工具，还有一个正在制作的竹篮，竹篾和一些部件堆放在周围，整张桌子被摆得满满当当。

我对竹编最初的印象就是老家一些竹制的筛子、篮子和簸箕，因为没亲眼见过竹编的制作过程，所以一直认为这些物件的制作应该不难，更觉得这些东西可能也跟竹席类似，是批量流水线生产的。直到听卢大师讲述大致的制作过程，欣赏了一件又一件工艺复杂却制作精美的竹编工艺品后，我才明白自己对竹编的认知是多么肤浅。

卢解胜出生于1949年，那一年中国解放战争胜利，这也是他名字的由来。那时候，卢解胜因家庭原因早早辍学，却在竹编之路上走出自己的一片天。

访谈过程中，卢大师告诉我们学艺之路艰难，从最基础的片竹篾开始就需要四五年的功底，更别提编出其他精美的作品了。而受伤也是竹编过程中经常发生的，各种制作工具，甚至一片薄薄的竹篾都能将手划伤，卢大师的手在制作了这么多竹编后布满了老茧。虽然艰苦，但是卢大师却一直热爱着他的竹编事业。只有几十年的沉淀、几十年的艰辛还有几十年不改的初心，才能创作出一件又一件工艺复杂的竹编作品。我们应该学习卢大师这种吃苦耐劳、无畏艰辛的精神，更要有越挫越勇的心态。“宝剑锋从磨砺出，梅花香自苦寒来”，若没有努力、没有坚持、没有磨炼，又怎么会走向成功呢？

最初，卢大师是通过卖亲手制作的竹编农具来维持生活。与卢师母结婚后，两人一起做竹编，卢师母协助卢大师制作一些配件，两人配合默契。中国改革开放后，竹编农具逐渐被其他器具所代替。而竹编工艺品却大受好评，于是卢大师便抓住这个机会创办了一个竹编工艺厂，专门对外出口一些竹编工艺品。后来，他将工艺厂关闭，专心在家里做竹编。如今，他和妻子在家中制作一些婚嫁篮子卖给注重传统的当地人。一对篮子寓意着好事成双、美好吉祥，他在篮子上加入了龙凤等新元素，旨在祝福新人美满和谐、龙凤呈祥。

在向我们传授经验的时候，卢大师告诉我们要活到老、学到老，虽然只有简短的一句，但却意义非凡。学无止境一直是中华民族的一种传统美德，但随着时代发展，人们好像忽视了这句人生箴言的重要性。容易自满、爱好玩乐也成了许多大学生的通病。学会静下心来，戒骄戒躁，找到努力的方向，刻苦钻研，这也是我们当代大学生奋斗的目标。

采访的尾声，他向我们展示了一只小食篮，这是他五十年前的作品，当时这只篮子的价格仅为二元，现在的价格涨了将近一千倍。他告诉我们，这只篮子是从那户人家重新收购回来的，因为它代表着自己竹编事业的开端。卢大师希望自己可以将这门工艺传承下去，但他也明白在当今社会背景下，很难有人愿意继承这门复杂又困难的工艺。从卢大师的表情中，我真切地感受到他心中对于后继无人、传承困难的那份焦虑的心情。他希望大学生们可以多去了解和认识竹编文化，将其发扬光大。

我们学院也曾举办过关于传统艺术的讲座和DIY活动。对于传播竹编文化，我们也可以举办相关的讲座，让同学们了解竹编艺术。在微信公众号中推送关于竹编大师的访谈，让更多的人了解竹编艺术。大学生们亲自参与竹编工艺品的制作也是一种传播文化的途径，这种方式更能提起学生们的兴趣，从而让大家切身了解竹编。

卢大师五十年如一日的工匠精神令我由衷叹服，但更令我感到佩服的是卢大师对竹编工艺的热爱。有梦想的人生是辉煌的，卢大师有着源于竹编工艺的梦，为了爱好和梦想，他一直坚持着、努力着，即使满头白发，他仍旧孜孜不

合影（左二为卢解胜大师）

倦、初心不改。在追求艺术的道路上，卢大师从未停止脚步，这种精神令我敬佩，也给予我极大的鼓舞。卢大师淡泊名利的人生态度脱俗而超然。这正是我们这一代年轻人所缺少的觉悟与心境。物欲横流的年代，大多数人忘记了最本真的自己，忘记了自己的初心。若没有诱惑，随性而走，那便是另一番景象。

在采访中，我有幸了解卢解胜先生对人生的感悟，对事业的赤诚和勤奋的足迹。理论和实践的碰撞，擦出许多睿智的火花，使我受益匪浅。中华上下几千年，传统工艺数不胜数，对每一种工艺我们都应该尊重、传承。希望越来越多的人愿意去了解和学习竹编工艺，并将它传承下去。

文 俞可慰

指导老师 韦杏雨

Lu Guangzheng

He was born in Dongyang City, Zhejiang Province, in 1945. In 1960, he studied under Lou Shuiming, a senior artist in Dongyang. He went to Zhejiang Arts and Crafts Institute and Zhejiang Academy of Art (now China Academy of Art) for further study in 1965. He is a Master of Craftsmanship in the Asian-Pacific region, a Great Master of Crafts and Arts in China, a representative inheritors of national intangible cultural heritage, and the honorary director of Wood-Carving Committee of China Arts-Crafts Association.

Carve Classics with Time

Mr. Lu has been pursuing woodcarving art for 60 years. Till now, more than 1,000 pieces of his artistic works with various carving techniques and themes have been created. He has participated in many national and international exhibitions and won numerous awards and praises. Many of his works, described by the arts and crafts experts as "the Treasure of the Country", have been collected by the National Museum of China, the Museum of the Communist Party of China, the Chinese Arts and Crafts Museum, etc.

In 1974, his woodcarving works *Pine and Crane Share the Spring* and *Song of the Phoenix* were displayed in Zhejiang Hall of the Great Hall of the People in Beijing. Lu's work *The Splendid China* was collected by the South Garden of Taiwan in 1988. In 1997, his woodcarving work *Navigate Back to Home* was given to the Hong Kong SAR government by the People's Government of Zhejiang Province as a gift to celebrate Hong Kong's return to the motherland. In 2003, he created a woodcarving work called *Legend of the White Snake* for the reconstruction of Leifeng Pagoda in Hangzhou.

Mr. Lu's works not only inherit the essence of Dongyang woodcarving, bringing the skills left by ancestors to the fullest, but also make further innovations and breakthroughs and manage to solve the problems that the old generation could not handle.

His works are exquisite in technique, vivid in form and ingenious in arrangement. He combines round-carving, high and superficial relief with his own ingenuity and great originality. In his works, there are not only the understanding and grasp of life and nature, but also the conspicuous atmosphere of academics and literacy, which can be depicted as "poetry in the painting".

Beginning with Woodcarving

Among the "Four Wood Carvings" among folks, the woodcarving in Dongyang of Zhejiang Province enjoys a high reputation. It has a long history since the Tang Dynasty. When I was young, I was deeply impressed by the exquisite wood and stone carvings scattered in old ancestral halls, large mansions and ancient dwellings. How can we turn such simple and common objects like wood and stone into such delicate works of art? What a skill that should be! I started to get curious about this skill, and I kept exploring it, and the more I explored it, the more amazing I felt it was.

With the deep desire for this skill, I finally got a chance to learn woodcarving. I studied in Dongyang Woodcarving Technical School when I was 13 years old. I was the youngest in class and had no foundation in carving, so I met a lot of difficulties and received many negations when I started to learn woodcarving, and that made me start doubting whether I was suitable for this path of woodcarving.

However, whenever I wanted to give up, those exquisite carvings that deeply impressed me would appear in my mind. I didn't want to give up, and I couldn't give up, either. Because I wanted to become a woodcarving artist, I wanted those ordinary wood pieces to bloom with the most beautiful brilliance in my hands. So, in this way, I learned a lot of wood carving skills during repeated failures and hits. As an exception, because of my indomitable mind and perseverance, at the age of 15, I was chosen as an apprentice to Dongyang's very best woodcarving master,

Lou Shuiming.

With patient instructions from my teacher, my skills improved rapidly. A year later, my work *Love Peace* was selected into the National Children's Art Exhibition and was presented as a gift to international friends. The greatest pleasure of learning woodcarving is that the works can be praised by teachers and recognized by everyone. From then on, my enthusiasm for woodcarving reached an unprecedented height. Of course, the person I am most grateful to is my teacher, Lou Shuiming. Without his guidance and teaching, I couldn't have made such a great progress.

In the process of continuous learning, I was lucky to receive guidance of "Emperor of Woodcarving" Du Yunsong, "Prime Minister of Woodcarving" Huang Zijin and other senior artists. I took in the edification of my teachers, repeatedly tried to figure out the subtle skills and constantly used them in practice. Finally, I internalized the mystery of Dongyang woodcarving skills and mastered a variety of carving techniques. If entering the woodcarving school was a major turning point in my life, then after learning from the three famous teachers, I came to generate my own authentic understandings and ideas of Dongyang woodcarving.

Creation and Innovation

I was born in 1945 and I witnessed the gradual prosperity and richness of China. Seeing the fruitful results of the Belt and Road Initiative, I had a strong desire to create works. I wanted to express my feelings with the brush, and eulogize the beautiful age. I took the Belt and Road Initiative as the creation theme, and interpreted and presented the Belt and Road Initiative in a form of woodcarving.

I, together with relevant experts and professors, deliberated and sketched the design repeatedly, and proposed three chapters for creation: *China Dream*, *The Silk Road Memory* and *The Road of Revival*. We created a series of thematic works

The Propagation of the Silk Road

including *The Ancient Tea-horse Road, The Propagation of the Silk Road,* and *Zhang Qian's Diplomatic Mission to the Western Regions*.

In recent years, I have also designed and created a series of works including *Splendid China*, *Eight Views of Yanjing* (namely, Beijing) and "*Twenty Views of China*" which were presented in important national venues such as Beijing APEC Conference Center, G20 Hangzhou Summit, and China International Import Expo. I hope that Dongyang woodcarving can show the Chinese spirit, highlight the charm of China, and let the world see the splendor and greatness of China.

From 2020 to 2021, I invited sculpture artists from the Central Academy of Fine Arts, Academy of Arts & Design in Tsinghua University, and China Academy of Art to jointly create a large-scale panoramic sculpture work *A Hundred Years of Great Cause* to celebrate the 100th anniversary of the founding of the Communist Party of China. The work eulogizes a century of great achievements, recalls the

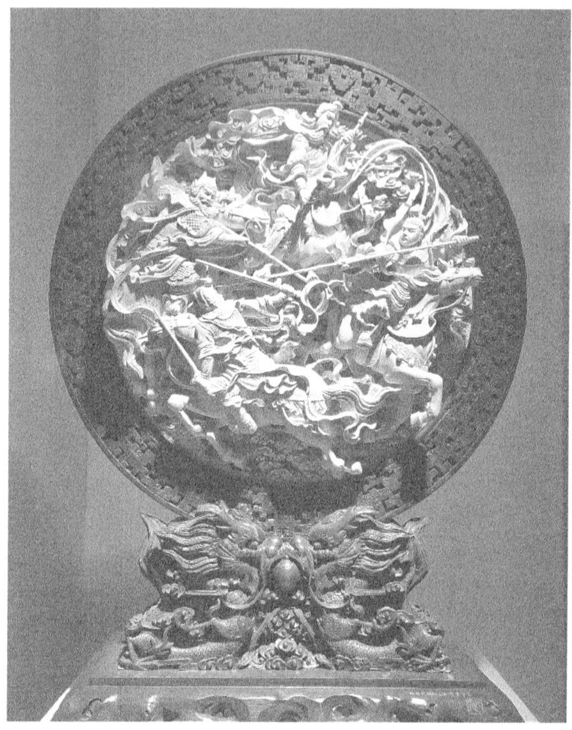

Three Warriors' Fight with Lv Bu

course of struggle, cherishes the memory of revolutionary pioneers, and looks forward to a bright future. The works are four large wooden carved floor-to-ceiling screens, include *Extraordinary Years*, *Founding a New China*, *Story of Spring* and *Realizing a Chinese Dream Together*, with a width of 7.1 meters, a height of 3.1 meters and a thickness of 1.1 meters. The foreground is a three-dimensional figure sculpture, the round stage surface of the figures is 50 cm wide, and the height of the figures does not exceed 90 cm. The background is a plane deep relief. A single piece of work is formed through the same base.After the works were exhibited in Dongyang,Wenzhou, Hangzhou, Shanghai, and Jiaxing, they received enthusiastic responses. I felt honored.

Having been in this industry for more than 60 years, I deem it highly significant to inherit the woodcarving skills, that is, to "innovate". The outstanding traditions need to be preserved, but they must reflect the characteristics of the times. Only when the work is adapted to the times, can it be recognized by everyone and be continuously improved.

Innovation does not mean that we don't do traditional themes. For the same theme, if its methods of form design, productions and performances are different, then the final feelings brought to people will also differ. Originally, Dongyang woodcarving was featured by plane carving, including round carving, semi-circu carving, deep relief, bas-relief. Later, in order to enrich carvings, I combined various techniques to create woodcarving tabletop screen *Three Warriors' Fight with Lv Bu*, woodcarving landing screen *Have Fish Every Year* and other works. These works remain the characteristics of traditional crafts, giving people a novel feeling.

In the 1980s, the market needed large pieces with a wide range of space, while the traditional Dongyang woodcarvings were mainly composed of small components. *Legend of the White Snake*, which I made for Wanghu Hotel in Hangzhou, had a large crack that could not be repaired, which made me quite depressed. Previously, the murals I made for the Dong Gong Hotel in Singapore also cracked. So, the industry began to spread that Dongyang woodcarvings could not produce large murals. I knew that Dongyang woodcarving couldn't stop at small pieces, but I didn't know how to solve this problem.

I was inspired by the sight of workers folding up a screen for packing and exporting. In 2003, I created the innovative technique of "super-imposed carving" through repeated practice and applied it into the large-scale mural painting of *Legend of the White Snake* using, which solves the problem of woodcarving cracking fundamentally. The work was made of northeast basswood, which was the best wood material. It has been nearly 20 years since the creation of the the eight large-scale murals of *Legend of the White Snake* without any cracks. This is a major breakthrough in the history of Dongyang woodcarving. Moreover, we attached importance to the artistry of the murals. The whole set of works adopted the method of combining multilevel focus perspective and scatter perspective in the design and composition, so that the main characters were more prominent, appearing vividly, with richer background and stronger depth.

A Prosperous Future for Inheritance

Dongyang woodcarving is the traditional Chinese craft. I want to pass it on and let the whole world know about our craft. However, woodcarving is a time-consuming craft. It takes more than ten years to learn in the early stage to create an excellent work. Now people's living conditions are better than before, and there are fewer and fewer people who want to learn woodcarving craft. I used to run a woodcarving school. Now I go to colleges and universities to set Dongyang woodcarving major, and there are already quite a few students learning traditional Dongyang woodcarving techniques.

Learning woodcarving needs great efforts. From traditional techniques to artisan spirit, all traditional handicrafts have profound historical accumulations, embodying people's spiritual pursuit of beauty for thousands of years. If you don't make efforts to inherit it, it won't stay in your hands and walk into your heart. However, if there is only inheritance but no innovation, the development of Dongyang woodcarving is also difficult to last. Before me, many people held a deep misunderstanding of Dongyang woodcarving. In their view, it is not feasible to create large Dongyang woodcarvings. Therefore, while inheriting the skills, they also need to innovate Dongyang woodcarving and combine modern elements with ancient culture. I always adhere to the notion of "the person who is capable and talent is my teacher". Young people have agile minds and they equip themselves with new technology and new ideas. Contacting with them often makes me feel productive, making my mind young and energetic.

I think there is no master in learning. Only by keeping a humble attitude and creating more better works can the baton of intangible cultural heritage be passed on to our offspring continuously. I am willing to devote all my knowledge and skills, and teach all these to the students and let them continue to inherit Dongyang woodcarving.

I have devoted my whole life to Dongyang woodcarving, and what I want to see most is that it becomes well-known all over the world. I hope that in addition to learning woodcarving skills, even more young people can join us and use their expertise and knowledge to cooperate with our crafts and arts, and bring our products to the world. We also need more young people to publicize our traditional Chinese culture and make contributions to the promotion of intangible cultural heritage so that Dongyang woodcarving can truly step into the stage of the world and make significant achievement.

Narrator Lu Guangzheng
Recorder Xu Xijin
Supervisor Li Hui Jin Xianhe

Devote a Lifetime to Sculpture an Individual

From an apprentice to a national master, Lu Guangzheng has been pursuing woodcarving art for more than 60 years. He said, "My life value is shown via Dongyang woodcarving. It is my root, and the place where my artistic life lies. I want to improve the taste of Dongyang woodcarving art and its popularity in my continuous transcendence, so that it can truly become 'the best woodcarving in the world'."

I am an ordinary college student. I know nothing about woodcarving except learning about it from my teacher. Although woodcarving is the famous artwork in Dongyang, most people in today's society are a little bit hasty, and there are too many temptations, too. As a result, few people will pursue a spiritual life, which has led many people to refuse to accept the spread of culture. Through this interview with Master Lu, I learned a lot from him, including not only the beauty of woodcarving, but also the spiritual beauty of Master Lu.

Master Lu's success is not accidental and was not achieved overnight. It is the inevitable result of hard work. On many nights in scorching summer and freezing winter, when his fellow sculptors had tiredly fallen asleep, Master Lu was always alone with the small kerosene lamp, keeping tracing carefully. After repeated speculations and efforts to practice, he finally acquainted himself with the mystery of Dongyang woodcarving. He learned a variety of carving techniques from the traditional techniques to the spirit of artisans. Without solid foundation and years of accumulation, how can successful rain and dew favor you? "Success" is the accumulation of "work", and "work" is the basis of "success". There are no shortcuts on the road to success. What we only can do is to work harder and harder.

After arduous explorations and repeated practices, Master Lu, with his own wisdom and innovative thinking, broke through the forbidden zone of Dongyang and even Chinese woodcarving where people used to believe that they could not use wood to create large works, making this superstition a history forever.

It is a human instinct to seek new things, but innovation is not simple. Firstly, you cannot be limited by the achievements of others. Innovation needs imitation, but it never equals plagiarizing. Rather, it needs experiences from the old generation, and through improvement and independent but not blind thinking and modification. Secondly, innovation is not necessarily right, and innovation does not necessarily mean success. We should not be afraid of making mistakes when we are in the process of innovating. The only way to grasp the opportunity and remain invincible is to think and act before others do, meet changes with changes.

A person's success is often composed of two factors: personal factor as well as social factor. Master Lu used to say, "The greatest happiness of learning woodcarving is that the artworks can be praised by teachers and recognized by everyone. In my heart, I am most grateful to my teacher Lou Shuiming. Without his careful guidance, I would not be who I am now." Together with "Emperor of Woodcarving" Du Yunsong, "Prime Minister of Woodcarving" Huang Zijin and other old artists who were still alive at that time, they were moved by Master Lu's earnest attitude and efforts.

The famous poet Han Yu said, "A good judge of talent always comes before the splendid steed." What happened to Han Yu was indeed sad. Only with an ambition but no place to display, it can be said that he was born in the wrong time. Indeed, if there is no judges' appreciation, a swift horse may never be found. However, in reality, many people are complaining that there are few judges, who are good at exploring the horse, which leads to "a hero with no place to display his prowess". But have they ever thought about their own problems? Judge is the discoverer of talents, but he cannot find all of them. If we do not take the initiative to show our own talents, it will be very difficult for judges to find us.

Master Lu is admired not only for his superb skills, but also for his magnanimous mind. He went out on business on the day when we went to his house to visit him. His daughter-in-law called him, saying that there were teachers and students from universities visiting him. After a while, Master Lu went home and gently pushed the door open. With pale hair, ruddy face and a warm smile, he looked very energetic. Master Lu wore a white shirt, a gray coat, white trousers and a pair of gray white cloth shoes. Such a simple outfit looked so unusual on him, on the contrary, very clean and agile. In the eyes of ordinary people, the artist always

Group Photo (The third one from left is Master Lu Guangzheng)

seemed sloppy and awkward, but Master Lu was very different. He shook hands with us quickly, and said to us with some shame, “Sorry to have kept you waiting for such a long time.” After that, he warmly offered some fruit, tea and refreshments.

After the interview, Master Lu gave us some words of encouragement. He hoped that more young people, together with their own professional knowledge could participate in learning the art of woodcarving. Especially English major students, as they should devote their efforts to bringing our cultural products to all parts of the world and publicizing our traditional Chinese culture.

Behind the success, a person must be toughened and hardened into steel.

By Xu Yiyun

Supervised by Li Hui Jin Xianhe

Xu Tulong

He was born in Dongyang City, Zhejiang Province, in 1944. Being titled with the Great Master of Chinese Crafts and Arts and the Great Master of Chinese Woodcarving Art, Xu Tulong was admitted to Dongyang Woodcarving Technical School founded by Dongyang Education Bureau in 1958. He has studied woodcarving for more than 60 years. The most prominent feature of his works is the woodcarving in flowers and birds. From nature while beyond nature, his works of flowers and birds are remarkable for their vivid aura, broad variety, and multiple changes. The artistic characteristics of thick leaves and fat pedals along with noble and elegant flowers of four seasons inject unique charm into his woodcarving works.

The Inheritance of Dongyang Woodcarving Is the Biggest Responsibility

Interview (The second one from left is Master Xu Tulong)

Inheritance of Skills and Protection of Culture

"The inheritance of Dongyang woodcarving is a big issue. However, as for most people, complete understanding of what exactly we should inherit hasn't been reached." Speaking of that, Xu Tulong joked, "I am just like a monk who recites prayers." He has been telling everyone about the importance of inheriting the core techniques of plane relief, which mainly includes distinction, reservation, and compression of the plane. In that way, a three-dimension pattern can be added to what was before a two-dimensional pattern and thus make it rich in layers and full in composition. Regrettably, despite repeated emphasis, the number of people who learn and use plane relief techniques is declining. "With everyone abandoning plain relief techniques and turning to three-dimensional alto relievo, is that still Dongyang woodcarving?" Therefore, in Xu Tulong's eyes, it is also a quite urgent issue about how to maintain the technical characteristics of Dongyang woodcarving.

Tools of Woodcarving

Besides, the transmission of the artistic flavor of Dongyang woodcarving is also of a great importance. "For the same plane relief, Dongyang woodcarving and Chaozhou woodcarving show completely different styles, which constitute the artistic flavor." Thus, whenever an apprentices come, Xu Tulong would explain the patterns on traditional woodcarvings in details to help them understand the language of Dongyang woodcarving correctly. "Master once asked us why the figures on traditional woodcarvings were in thin and loose robes with long sleeves?" As Xu

Tulong's favorite student, Lu Honghua, Master of Arts and Crafts of Jinhua City, recalled, "We had thought it was respect for history then, but we were wrong. Master explained that Chinese traditional culture attached great importance to the description of artistic concept and inside feelings. Meanwhile, such modeling was exactly a perfect expression of the personality spirit of freedom, vividness, and elegance, which was an individuality creation based on historical facts."

In the meantime, Xu Tulong often encourages his apprentices to keep on learning to improve their accomplishment. Take Lu Honghua as an example. He went to the College of Art in Tsinghua University for further study at his own expense and always kept his master's words in mind that one mustn't be content with what he had achieved. Honesty is what really matters both for being a human being and a craftsman, while impetuousness and emptiness do the opposite. Just as a Chinese saying goes, "Knowing you know nothing is the beginning of wisdom." That means that Eastern culture is of the same importance of Western culture. "For instance, the geometric perspective of the west can be used to make up for the disadvantages of the Chinese traditional perspective structure of Three Kinds of Fairness, thus adding vividness to details. However, despite the realism of Western sculpture, we must not abandon the essence of Chinese traditional freehand works."

Only with a great understanding of Chinese tradition can one enjoy its real

Yu Lan Fu Gui Tu (Yulan Magnolia Symbolizing Wealth)

beauty and be willing to work for its inheritance. When fulfilling his obligation of being an inheritor of the intangible cultural heritage of Dongyang woodcarving, Xu Tulong always adheres to his principle, that is to lead his apprentices to learn the artistic forms of woodcarving and to explore its traditional connotation so that they can know both "what" and "how". In that way, the culture of Dongyang woodcarving can survive for all generations to come.

Efforts to Cultivate New Inheritors

"Dongyang woodcarving has reached a point where its very existence is at stake. Looking forward, there is a lack of new inheritors; while looking backward, the essence of the woodcarving techniques is being lost. Whether inheritance or innovation, what lie in front of us are stupendous difficulties!" Despite being over seventy years old, speaking of the future of Dongyang woodcarving, Master Xu Tulong sighed with great passion and sincerity, "Lack of inheritors and innovative power is my sore point!"

Back in the middle and late 1990s, Xu Tulong had also suffered from that familiar pain. At that time, being at the turning point of Dongyang woodcarving from planned economy to market economy, the former Dongyang Woodcarving General Factory where Xu Tulong had been working for years was confronted with great obstacles and was on the verge of bankruptcy. Seeing that, he abandoned his high position as a vice production manager and founded Te Yi Woodcarving Factory. With a famous reputation as one of the Ten Axe of his former factory, orders kept pouring in. Just as Master Xu said, "At that time, the biggest problem was a severe lack of inheritors because youngsters today prefer to go to college rather than be a woodcarving craftsman which means low social status and unstable income." From the 1990s to the present, the new hope of Dongyang woodcarving has mainly depended on the last group of the students from Dongyang Woodcarving Technical School and young apprentices of the former Dongyang Woodcarving General Factory, most of whom that used to be new have now become arts and crafts masters in Zhejiang

Woodcarving Making

province or Jinhua city.

Xu Tulong had overcome all the difficulties but only to find there's nobody to inherit his life-long efforts.

Anyway, he can never let it go. "We are aging, but the new blood hasn't shown up. The number of the inheritors of Dongyang woodcarving is declining, that is so heartbreaking..." he sighed, voice choking and eyes red with tears.

Whether new inheritors will show up or not, what Xu Tulong has done is only a prelude to time. If he wants to keep going, he has to move on. So he concluded that "For the woodcarving town to grow and develop, the priority should be given to its inheritance. That is, we need to cultivate talents and attract youngsters to learn woodcarving techniques and participate in industrial development." To achieve that, cities should set up a fund for the arts and crafts development as soon as possible, and special funds should be allocated for master's cultivation of talents and so on. Besides, the administrative department can sign an agreement with masters and apprentices to stipulate their periods of schooling and to set clear criteria of apprenticeship. Every year, the relevant department is suggested to evaluate apprentices, and those who are eligible can get subsidies which will increase in grades year by year. In their learning periods, those winning any award in skill competitions will be honored with prizes and priority in title performance evaluations and master reviews so as to sweep away obstacles and worries for young apprentices. Moreover, the woodcarving town is now working to build training bases to carry out summer professional training, teaching courses training and graduate R&D training. In addition, the masters and companies that undertake this work are also supposed to receive subsidies so that more and more young people will be willing to stay and work in this town. Just as Xu Tulong said, "Talents are the main part for the woodcarving town to keep a foothold and develop further. And it is talents that enable the woodcarving town and Dongyang woodcarving to progress and innovate."

Bai Niao Chao Feng
(Hundreds Birds Worshipping the Phoenix)

Continuous Development Driven by Innovation

Taking the inheritance of Dongyang woodcarving as the biggest responsibility is Xu Tulong's attitude towards the woodcarving culture. "Inheriting tradition and making it to the best is far from enough to ensure the inheritance of the woodcarving skills, beyond that, innovation is a must to achieve it." He claimed that predecessors' innovation could be seen in every traditional craft today and it ensured the sustainable development of traditional handicrafts. From his perspective, tradition and innovation are not contradictory. Just as he stated, "Taking Master Lu Guangzheng's woodcarving works as an example. In his works, the compositions and techniques are traditional, but the themes and outlooks are creative, sometimes even techniques are being innovated." Thus, he concluded that innovation must be taken as the biggest driving force of inheritance.

However, deep inside Xu Tulong despises that kind of "false innovation", such as those applying for a patent with only a slight change of others' patterns. In his perspectives, that is far from innovation but an infringement of intellectual property. "Innovation indeed involves changes, but they are not what innovation is all about." Speaking of that, Xu Tulong seemed serious, "Innovation has to be an essential change which plays a revolutionary role in the woodcarving industry and can promote its development. In the meantime, the achievements of innovation should adapt to the development of times and market requirements, and also can be accepted by the whole society." Speaking of that, he appreciated what the woodcarving town had done to promote technological innovation, upgrade scientific research and build a cultural and creative park. Besides, he also thought that it was innovation that ultimately promotes the cultural power of Dongyang woodcarving, which was also the endogenous force for the development of traditional crafts in the millennium.

Received Awards

"Though the road is full of difficulties, the future is bright. In this new era, Dongyang woodcarving is facing many big problems, but every of which can be divided into several small ones. Thus, we need to start with those small problems and sweep away all the obstacles." Xu Tulong said sincerely, "In the face of the promotion of the development of Dongyang woodcarving, we must not be daunted or held back by those tiny difficulties."

In the end, Xu Tulong said with great earnestness that in spite of the changes of the time, he would spare no effort to cultivate, recommend, retain and employ talents. As an inheritor of the intangible cultural heritage of Dongyang woodcarving, he lets his consummate skills of Dongyang woodcarving continue by recruiting and cultivating apprentices. His vision is to see endless emergence of new outstanding people taking on his uncompleted career.

Recorder Liu Haoru
Supervisor Wang Jiajing

Soul of Woodcarving: Representative of Dongyang Woodcarving in Flowers and Birds

"Dongyang woodcarving needs to be inherited, which is a big proposition. What exactly should be inherited? I don't think many people understand it thoroughly."

——Xu Tulong

Today, we had the privilege to interview Xu Tulong, a Chinese woodcarving master. Before that, we may have only heard of woodcarving, but after that we enjoyed the unique charm and soul of woodcarving.

The first place we visited was the studio of the master. To my surprise, the studio of the master was not as grand as I had imagined. Everything was very simple. There were several large tables with unfinished works and lots of knives. As we walked in, several craftsmen were chipping away, each with dozens of tools at his or her fingertips. To us, the tools were indistinguishable, but the teachers could always find the right one among many tools. Looking at the teachers' concentration on the completion of their works with hard-working carving, a sense of sacredness came to my mind. Under the condition of the temperature up to 30 degrees, they still kept their heads down, bent over and concentrated on the work at hand. Before that day, I did not know that a piece of exquisite woodcarving actually contained so much effort and so many skills, and that simple studio seemed to be not simple.

Entering Master Xu's exhibition hall, we firstly saw a huge landing screen called *Yue Yue Sheng Hui* in Chinese. That was a carved wooden screen that was engraved with flowers and plants for the twelve months of the year—narcissus and jasmine for January, orchid and magnolia for February, epiphyllum for March, pomegranate for April, peony for May, lotus for June, autumn osmanthus for July, peony for August, chrysanthemum for September, oolong for October, camellia for November, wintersweet for December. Behind the amazing screen, I saw Master Xu's painstaking efforts in completing this work from wood selection, design, preforming (to make the plane three-dimensional) to the final product. I also saw his old body soaking all day long in the studio with dozens of carving knives in his hands, bowing his head and bending over a simple wooden workbench even in the temperature of higher than 30 degrees, still insisting on polishing sculpture."No, it has to be changed here." "No, that has to be redone there." In this way, over and over again, and finally there is the masterpiece people see today.

In addition, famous woodcarving works, such as *Yu Lan Fu Gui Tu, Yi Fan Feng Shun* and others are also Master Xu's proud works. Among them, I was most impressed by Master Xu's artwork called *Bai Niao Chao Feng*, a round carved wooden screen with all kinds of birds carved on it, vivid and full of three-dimensional sense. It shows several common carving techniques of Dongyang woodcarving, which is the representative work of Dongyang hollow woodcarving. I can not imagine the amount of effort behind that. Here I saw the the unique artistic charm of Dongyang woodcarving condensed in every piece of work. At the same time, I felt Master Xu's willingness to inherit the tradition, the craftsman spirit of keeping working on a piece of wood.

During our interview with Master Xu, I was deeply impressed by a remark from him, "Lack of successors in the industry and lack of innovation motivation are the pain in my heart!" Master Xu always keeps inheritance and innovation in his mind. Even when he started to learn carpentry, inheritance became a problem. Due to the instability of carving, there were fewer and fewer craftsmen. As a native of Dongyang, Master Xu repeatedly stressed that Dongyang woodcarving must inherit the core of plane relief, but even so, it still can not change the status quo of fewer and fewer craftsmen, which is undoubtedly a pity. Seeing these exquisite works, the idea that this craft should not be disappeared became more and more intense. Master Xu believes that inheritance cannot be disappeared and innovation cannot be forgotten, and inheritance should be built on innovation. Indeed, innovation should not be based solely on subtle changes in appearance. Innovation does not mean to make a slight change of other's famous work into their own. We should always conform to the trend of the development of the times, and strive to do a good job in being "answer

Group Photo (The middle one is Master Xu Tulong)

person" of Dongyang woodcarving, which is our duty as the new youth of the times.

After interviewing Master Xu, I couldn't be calm for a long time. Dongyang woodcarving has a long history and its unique representatives. In today's era of speed and efficiency, Master Xu adheres to his professional integrity. I hope that in the future when we decide our future path, we will have such a determination and remember our original mission in walking in this booming world. At the same time, I also hope that in the future, even if times change, the will of inheritance will remain unchanged.

By Zheng Hongyu

Supervised by Wang Jiajing

Zhou Guixin

He was born in Dongyang City, Zhejiang Province, in 1975. As an advanced artisan, he is titled with the Renown Master of Bamboo Carving in the Asian-Pacific region, the Young Master of Traditional Chinese Arts and Crafts, the Master of Zhejiang Arts and Crafts, the inheritor of the intangible cultural heritage program — Dongyang Bamboo Root Carving, the first batch of Dongyang Artisan, and the vice chairman of the Dongyang Arts and Crafts Association.

In 2008, he learned from Lu Guanghua, a master of Chinese arts and crafts, and Li Xianghong, a renowned painter of military theme. His bamboo and kernel works have won more than 60 national, and provincial awards. His bamboo root carvings *Fighting Mother Yuanjun* and *Tai Ping You Xiang* were collected by the China Agricultural Museum. The bamboo root carving work *Nine Pieces of Tea Set* was collected by the China Woodcarving Museum.

In 2016, his bamboo carvings *Fascinating Scenery of West Lake* was displayed in the main session during the G20 Hangzhou Summit. In July 2018, Zhou Guixin Bamboo Carving Exhibition was held in Hangzhou Arts and Crafts Gallery. In Sept 2019, Different Memories Same Nostalgia — the Story behind the Bamboo Works of Zhou Guixin — was broadcast in CCTV-17.

My Soul, the Resonance of Bamboo

Meet Bamboo

Bamboo, so named by people, is used in our daily life. Poets chant bamboo, painters depict bamboo, sculptors engrave bamboo. Poet Su Shi (Song Dynasty) once said, "One can make food without meat, but can not live without bamboo. No meat makes one thin, but no bamboo makes one vulgar. Thin men can be fattened, but vulgar men cannot be healed."

As the birthplace of bamboo culture, China has a long history of exquisite and magical bamboo carving art since ancient times, which is an art integrating the essence and the integrity of bamboo, and also an intangible cultural heritage of bamboo carving art. China has a wealth of bamboo resources, providing a cheap material for bamboo art. Although the price is low, it is of high quality.

Rich in bamboo, Dongyang is known as the hometown of bamboo weaving. It enjoys the same fame as Dongyang woodcarving in history. With the development of Dongyang bamboo carving, Dongyang bamboo art is on the rise. Dongyang bamboo carving originated from Dongyang woodcarving. Relying on the traditional themes and techniques of Dongyang woodcarving, it has greatly broadened the skills and techniques of performance of bamboo carving and formed a distinctive artistic feature. Dongyang bamboo carving masters are good at applying the natural beauty of bamboo texture and carving the three-dimensional image of bamboo. In the history of Dongyang bamboo carvings, there have been many great masters, with superb skills, leaving a precious collection of handed-down works.

In this interview, we went to Zhou Guixin's Studio in Zhoudian, Dongyang. Stepping into the master's studio, what captured our attention was the variety of bamboos planted in the courtyard, which undoubtedly reveals his deep love for bamboo. The master integrates the home and the studio. For him, bamboo carving is not only a job and a part of life, rather, it is the true love of his life.

Zhou Guixin apprenticed to Lu Guanghua, a Chinese arts and crafts master. Zhou studied Dongyang woodcarving in his early years and then moved on to bamboo root carvings. When he was young, he was in a difficult situation at home. Zhou Guixin, who was sensible, began to learn the skills of woodcarving and gradually supported his family. When other apprentices finished their work and began to have fun, he still studied at the desk, and the more he learned, the more motivated and devoted he became. It was also the decision of that year that had promoted Zhou Guixin, which promoted the development of Dongyang bamboo carving and promoted the construction of bamboo culture in Zhoudian. Zhou Guixin's vision for the future is to make the whole village a bamboo culture theme village, to expand its influence on food, photography and homestay in the name of bamboo. Zhou Guixin is not only committed to bamboo culture, but he also wants to promote bamboo culture to ecological culture, dynamic culture and art culture.

Understand Bamboo

Although bamboo carving and wood carving are related, they are very different. The most difficult part of bamboo carving is to grasp the thickness. It is especially difficult to make a carving on the 5~6 mm thick bamboo tube, accidentally carving a little bit more would be a disaster. The procedures of bamboo carving are as follows: selecting materials, drafting, rough shaping, grinding, fine carving, polishing, and transmitting. Which step is the most critical? Master Zhou believes that every step is indispensable, even the last step of transmission is equally important. Only by showing the works to the public can make all these steps meaningful. In the interview with Master Zhou about bamboo carving, he made a thought-provoking comment: "I want to do what others have not done or do not want to do. Innovation is very important. When you reach the bottleneck, only by making breakthrough can you enjoy the other scenery." He also described his life motto in the following words: "The person who creates should empty his heart. The wise man feels the work with his heart, the person who loves bamboo is elegant, and the person who collects is happy."

Where does the inspiration for so many distinctive works with different postures come from? Holding tea in his hands, the master smiled and told us about his dream with ease: "Every night, as soon as I close my eyes, I will be dragged by a mysterious force. After opening the door, I can see all kinds of bamboo carvings that I haven't seen in reality. When I wake up, I will record what I saw in my dreams in the middle

Tools of Woodcarving

of the night. Even my wife is influenced by me, dreaming the same every day. Now when we go to the bookstore, if there is a pattern we like in the book, we will buy it and study it thoroughly." The inspiration behind so many wonderful bamboo sculptures shocked us, this experience is indeed more incredible than Zhougong Mengdie (Zhuangzi dreamt of becoming a butterfly)!

When asked which piece of the works is his favorite, Master Zhou thought for a long time, saying that the best work is always the next one. For his future works, Zhou said that he wants to express himself and his life through his works, and tell the stories about the friends around him.

When carving minute details, you must devote yourself wholeheartedly. Don't slack at all. Good eyesight and dexterous skills are needed. Even a flip of heart will ruin a work. Patience, concentration, and steadiness give a full expression of the spirit of ingenuity.

Master Zhou took us into his studio and showed us a variety of knives. According to him, most of the knives he used were made by himself, because there were few fine knives on the market. Those even thinner than a needle are made by himself. For example, even a string of hair can not go through the lattice window carved in the *Palace Lantern*.

Interpret Bamboo

How did Master Zhou come to "interpret bamboo"?

The *Journey to the West* series of bamboo carvings artistically reproduces the seven classic stories in *the Journey to the West*, that is *Dinghai Shenzhen* (Magic Sea-Fixing Pin), *Bi Ma Wen* (Protector of the Horses), *Danao Tiangong* (Havoc in Heaven), *Xitian Qujing* (Fetch the Scriptures from the West), *Huoyanshan* (Flame Mountain), *Sanda Baigujing* (Monkey Subdues White-Skeleton Demon Thrice) and *Gongde Yuanman* (Successful End). However, each work uses only one piece of bamboo and there is no glue stitching. It is particularly worth mentioning that these works also have "hidden secrets". Take the work of *Journey to the West* as an example, the auspicious clouds at the foot of Tang and Sha monks are accomplished through a unique "shifting method". Master Zhou did not add any materials, but moved some positions in a special way to achieve the effect of freely expanding the length, width and height of the works. This is also a rare creating technique of "doing no subtraction but addition" in the bamboo root carving technique.

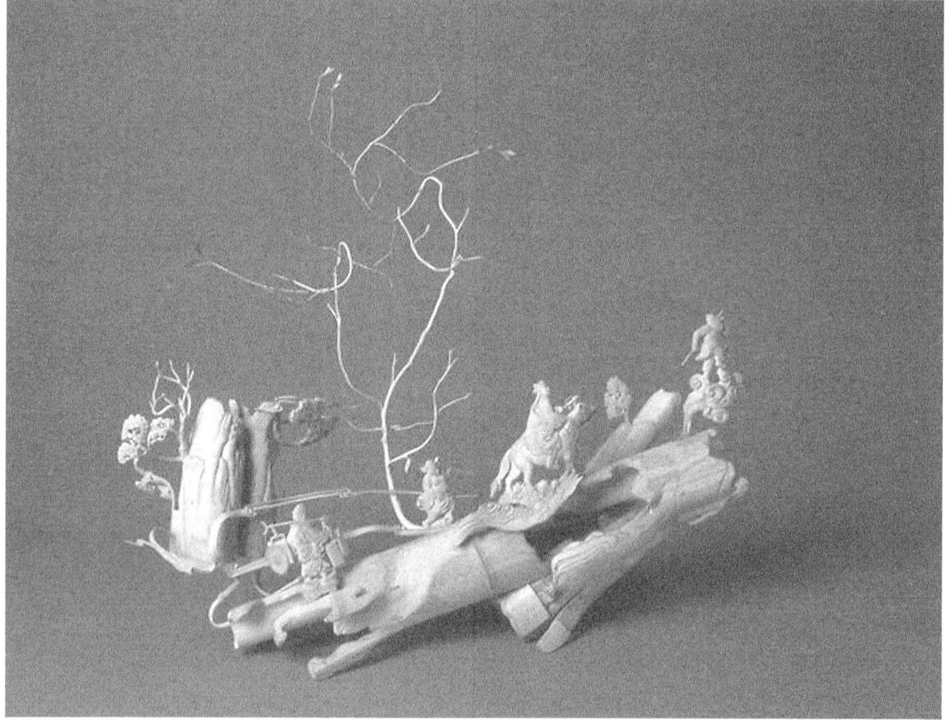

Journey to the West

Zhou's *Five Hundred Arhats*, a large group of bamboo root carving works, make the number of group carvings to the extreme. Taking the real monks as the prototype, he absorbs and draws on the features of traditional statues, and uses the exaggerated, abstract and freehand artistic techniques to create a group of five hundred arhats with different styles and new images. Master Zhou said that the combination of any two arhats can make eye contact.

What impressed me a lot is also another carving called *A Hundred Children*. Master Zhou said that in fact he only carved 98 figures, imperfection is the true perfection, rigidly adhering to rules will not generate innovation.

One of my favorite works is *Ying Sheng Yi He* (Greeting, Life, Meaning, Union), which is divided into four scenes. Each scene is a story, which can last for a long time. In the scene of *Yi* (Meaning), it is a face seen from a specific angle, which is very creative.

Ying Sheng Yi He

The most noteworthy is a pair of octagonal palace lanterns carved from olive stones, combining bamboo carvings and kernel carvings. The specification is 10 cm×10 cm×10 cm (with base). The only 4.3 cm tall lanterns are divided into six layers. The first layer is the lamp cover, hollow, convex, with hollow tilted rectangular lattices. The second layer is the Eight Dragons Spitting Beads, each side of which is carved with a flying dragon spitting a bead, with a pendant hanging under the bead. Each side is engraved with a Bogu(decorative) pattern, decorated with hollow circular lattices. The third layer is the Bogu(decorative) pattern, decorated with hollow vertical rectangular lattices. The fourth layer is the phoenix spreading its wings. Each side is carved with a phoenix with a lamp. Under the phoenix, there are eight flower boards. The mysterious mechanism is the Eight Immortals and their mounts. It can be rotated, decorated with hollow horizontal rectangular lattices, applying the bas-relief of Dongyang. The fifth floor is Bogu(decorative) pattern, decorated with hollow rectangular lattices, different in each side. The sixth floor is the Bogu(decorative) pattern, decorated with a round grid. Each layer and each

Palace Lantern

side are separated by a hollow circular lattice. You can see the opposite through the hollowed-out window, and when you hold it in the palm of your hand, all parts of the lantern are moving. This little olive stone is carved into such a delicate work in the hands of Master Zhou, how much time and effort it took!

The real version of *He Zhou Ji* (The Peach-Stone Boat) reproduces the fresh scenes of fishermen fishing at sea. There are 24 three-dimensional figures, challenging the earliest version of *He Zhou Ji*, with openable windows and interlocking chains, any negligence will ruin all the previous efforts. As well as the wing-spreading dragonflies in the *Sound of Dragonflies*, it's needless to say that they look like real ones. And what makes people even more amazed is that under the light, the thin, silky and transparent wings are engraved with clear texture.

He Zhou Ji

In addition to these, there are works such as *Water Margin* and *Twenty-four Filial Piety* based on the olive stones and peach stones. I hope that Master Zhou will create more amazing works in the future.

Recorder Zhang Haoyue

Supervisor Cao Yanmei

Bamboo Arts

Bamboo plays an important role in our daily life, such as toothpicks, bamboo mats, and it is also the main food of the national treasure — panda. Bamboo has the potential to be a work of art as well as practical use. When I first heard about bamboo carving, the only thing that came to my mind was bamboo-woven baskets. After this interview, I realized how simple my thinking was. Traditional bamboo carving technique has a long history, rich in the crystallization of the hard work of the Chinese people, which is also China's national intangible cultural heritage.

This time, we had the honor to visit the provincial bamboo carving master — Zhou Guixin. Master Zhou has been continuously innovating in bamboo and wood arts since he started his career. Relying on the traditional artistic skills of Dongyang woodcarving, he has found a unique way in the art of bamboo root carving and kernel carving, and has become one of the pioneers of bamboo craft industry in Dongyang. Master Zhou Guixin's main works include *Journey to the West, Dream of Red Mansions, Palace Lantern* and so on. When I walked into Master Zhou's home, the quiet environment in the courtyard impressed me. Master Zhou loved bamboo so much that he wanted to plant more than a hundred kinds of bamboos in his village, making the whole village into a bamboo viewing area. The master warmly welcomed us and showed us around his exhibition hall which has two floors and displays most of Master Zhou's works. Among them, *Palace Lantern* impressed me deeply. This palace lantern adopts the shape of traditional octagonal palace lantern, which has eight sides. The texture of each window is very carefully carved, and the interior details of the palace lanterns are very lifelike. A small palace lantern has all the internal organs. Master Zhou called his carving technique "shifted addition". When I first heard such a name, I was very puzzled. When carving bamboo, it was obviously a subtraction on bamboo. Why did the master call it addition? The master explained that a piece of bamboo with a diameter of five centimeters had been carved into a work of fifty centimeters. Master Zhou's view of things is quite different from our own. What we think of as "subtraction" is "addition" from his side. I think we should not treat things from a single point of view, but to find a different way to look at the problem. Because of this, Master Zhou was able to create so many lifelike bamboo sculptures.

Master Zhou began to study woodcarving in junior high school because his family was poor, and later he switched to bamboo carving. Bamboo carving is even more difficult. The interior of bamboo is hollow, which should be handled very carefully, or it will be ruined. Master Zhou admitted that he was carving while others were resting or eating. He never missed a single chance to practice. Effort and talent are coexisting, perhaps your learning time is not as long as that of others, but diligence can make up for stupidity, as long as you are willing to make efforts, you will certainly reap rewards. Master Zhou Guixin's achievements are all due to his own hard work. When we asked Master Zhou which of his works he was most satisfied with, he firmly told us that he had never been satisfied with his own work, and never thought he had the best one. He thinks his skills are improving every moment. His past works represent his past skills, while his current works can be surpassed by the future ones. In order to improve his skills, Master Zhou went to study in Academy of Arts & Design, Tsinghua University for a long time. I think this is a spirit we need to learn — not to be complacent, not to be proud. Don't pay too much attention to your achievements, always bear in mind the spirit of humility seeking advice, and constantly strive to surpass yourself. Although Master Zhou does not have a high degree, he has a thorough understanding of the philosophy of life. Master Zhou has a very simple and profound understanding of bamboo carving.

In so many years of carving, he also has a lot of feelings. "The person who creates should empty his heart, the person who produces should feel the work with his heart, the person who loves bamboo is elegant, and the person who collects is happy." The second verse means that the makers must be careful when carving bamboo, which is not only a strict attitude toward work but also a respect for the bamboo carving. In the interview, the master told us mysteriously that he had had many adventures. Whenever he falls asleep, he dreams of many carved bamboo works of art. I think this may be the reflection of reality on his dreams. One dreams at night what one thinks in the day. Master Zhou's hard work is the source of his creation.

"The pursuit of bamboo carving art will never stop." Master Zhou Guixin said that he would strive to pursue higher artistic attainments, constantly strive to innovate, present the best works to the public, and carry forward the art of bamboo carving. Bamboo carving and kernel carving have become parts of Zhou Guixin's

Group Photo (The second one from left is Master Zhou Guixin)

life and blood. Master Zhou attaches great importance not only to the bamboo carving technique, but also to the inheritance of bamboo carving. There were many apprentices in his studio, and Master Zhou would personally instruct the apprentices on the techniques of bamboo carving, to impart his own experience without reserve. At the end of the interview, Master Zhou also gave us a message, hoping that we could try to understand the related knowledge of intangible cultural heritage, attach importance to the inheritance of intangible cultural heritage, and learn the creation process of intangible cultural heritage. The intangible cultural heritage is the inheritance of human being's spiritual culture. We should implement the introduction of intangible culture into the classroom, so that the contemporary young people can have a close contact with the intangible cultural heritage, and have a deeper understanding of the Chinese spirit of inheritance, so that it will become our eternal spiritual inheritance. Let the intangible cultural heritage no longer be "heritage" but become spreading!

By Zhou Yiran
Supervised by Cao Yanmei

Wu Chuwei

He was born in Dongyang City, Zhejiang Province, in 1947. He is a senior industrial artist, senior technician and the inheritor of national intangible cultural heritage program — Dongyang Woodcarving. He is a senior member of China National Arts and Crafts Society and an executive member of Zhejiang Arts and Crafts Society. He is also the president of Dongyang Woodcarving Research and Design Institute and the general manager and designer of Jinhua Guhui Gardening and Architecture Engineering Co. Ltd. In 1991, he was invited specially by Fudan University as a visiting professor to deliver lectures on arts. In 1996, he was entitled as "Master of Chinese Arts and Crafts". In 2016, he was honored as "Master of Arts and Crafts in Asian-Pacific region". Nowadays he is a leader and pioneer in Dongyang Woodcarving.

Extending the Roots of Tradition in the Name of Woodcarving

Wood, which is a part of nature, has been closely related to people's life since ancient times. It is like a gift of nature to mankind, and woodcarving is based on carving on various kinds of wood and tree roots.

China's earliest woodcarving art was originated in the neolithic age, which has a long history. Nowadays, there are many representatives, the most famous ones of which are Dongyang woodcarving, Yueqing boxwood carving, Guangdong Chaozhou gold lacquer woodcarving and Fujian longyan woodcarving. In 2008, woodcarving was included in the second batch of list of National Intangible Cultural Heritage approved by the State Council.

Learning: A Long Way to Go

I was born in a family of scholars. My grandfather was a scholar in the late Qing Dynasty and my father was graduated from Nanjing University of Political Science and Law. Influenced by the family atmosphere in childhood, I loved painting as well as culture. So under the guidance of my father, I started to know about Dongyang woodcarving and followed a few respectful and renowned masters to learn skills. I worked hard to learn the woodcarving techniques of various schools. After the long process of practice, I did create some works.

After I was admitted to the China Academy of Art, I began to study Dongyang woodcarving actively. This period of further study has laid a strong foundation for my future research on Dongyang woodcarving art and other cultural relics and ancient buildings. Practice is the basis of knowledge while knowledge can promote the development of practice. Therefore, these practices and theories also provide some preparation for the thesis I wrote later.

Up to now, I have been with woodcarving for more than 40 years, gradually integrating various carving techniques and having created more than 400 pieces of woodcarving works with different types and characteristics.

Inheritance and Development: Keep Pace With Time

The inheritance and development of Dongyang woodcarving is advancing with time. Compared with the Wenzhou Yueqing boxwood woodcarving, Dongyang woodcarvings are not limited by materials, because almost every piece of wood can be used for carving. As for the material, it used to be camphor wood and ginkgo wood, changing into the northeast basswood later. Compared with Fujian Putian woodcarving which is focused on the mind of arts and crafts, Dongyang woodcarving is focused on the industrialization of arts and crafts.

After the reform and opening up, Dongyang woodcarving has also gained the opportunity of development. Mahogany furniture industry which is based on woodcarving foundation with the characteristics of Dongyang woodcarving has become a well-known brand gradually. What's more, the rise of tourism, the restoration of ancient gardens, as well as some advocating ancient art in interior decoration, promoted the development of mahogany furniture industry. The number of people who engaged in woodcarving in Dongyang has increased from about 3,000, when I started to learn the skills, to 150,000 today. Nowadays, cultural development initiatives make a new breakthrough in Dongyang woodcarving. Dongyang woodcarving is a kind of practical arts and crafts with more comprehensive and extensive techniques, including twelve techniques consisting of double face carving, hollow out carving, round carving, relief, Yin carving and so on. These can be incorporated into mahogany furniture and indoor decoration which was put forward by tourism development.

Dongyang woodcarving is always keeping the pace with time because it based itself on inheritance, while at the same time, reforming and innovating. For this reason, Dongyang woodcarving has been preserved, developed and survived for a long time, still appearing in people's life.

Cultural Heritage: The Romance of the Three Kingdoms and A Dream of Red Mansions

Influenced by poets and books I have read since childhood, I have my own views on traditional culture. I think creation should be in line with society and keep pace with time.

As I liked to read the Four Great Classical Novels, I drew some inspiration from

Caocao Presented a Robe

the Romance of the Three Kingdoms later. Guanyu surrendered to Caocao when he retreated. However, the latter who was thinking highly of the man who has great talents overjoyed to learn that Guanyu had surrendered. In order to accept him for his own use, Caocao gave gold and silver treasures and brocade robe, but Guanyu did not appreciate them at all, so he just picked up brocade robe with green dragon crescent knife. When he went to a banquet of Caocao later, he wore Cao's brocade robe inside and Liubei's war robe outside to show his affection the brotherhood to Liubei. I skillfully combined Caocao's attention to talent with Guanyu's affection to brotherhood while creating *Caocao Presented a Robe* which was based on profound cultural heritage. It is a great honor for me that this piece of arts was presented as a national gift to USA former Secretary of State Powell to show that China has always been friendly to the United States.

Another work that satisfies me is *The Poem Rhyme of A Dream of Red Mansions*, which was also inspired by *A Dream of Red Mansions*. This work was created when I participated in the Fourth Session of Chinese Arts and Crafts Masters in 1997. I broke through the previous layer from deep to shallow in the actual design and spent three months to show a new model of presenting layers.

The Poem Rhyme of A Dream of Red Mansions

A Dream of Red Mansions has been perfectly presented by predecessors in the woodcarving industry before. When I was creating my works, I always thought about how to highlight the uniqueness of my works and carve out a piece of arts different from the predecessors. In the process of reviewing the famous works, I went over the scene of poetry festival in the Double Ninth Festival held in the Grand View Garden. I was hit by an idea that what it would be like to combine the painting of traditional woodcarving with the poem of *A Dream of Red Mansions*. I began to try it after I had the idea, and this work was a picture in the poem and a poem in the picture.

Dialogue With Wood: The Exchange of Souls

The working procedure of Dongyang woodcarving generally goes through such steps as conception, material selection, batting, polishing, material picking, frame fixing, painting and coloring. When you make a woodcarving, you should start with a good idea. If there is any problem in the later stage of conception, it can be remedied from the part of batting.

The essence of woodcarving is that the craftsman should learn to communicate with wood. Every process of woodcarving is inseparable from wood, so wood is the foundation. It's alive, and artists like us need to understand it, develop it and use it. Talking to wood means we have to understand the quality of the wood, the color and so on according to the content of the design. We are very particular about materials. Due to the development of marketization, it is convenient to select materials now.

Batting and polishing are very important parts in the production of woodcarving. Batting focuses on the big aspects for the overall shaping of woodcarving while the polishing focuses on small aspects for the woodcarving repair details. The two complement each other and each has its own advantages.

As a craftsman, I will calm down and listen to the inner voice of wood while making woodcarving. Only by understanding it can I better grasp the feeling of it and make the wood shine through the works. This is a communication between souls, and a process in which artisans show their ingenuity perfectly.

Inheritance of Woodcarving: Learning From Teachers

It is a tradition to follow teachers while learning a craft. The old saying goes, perseverance will prevail and little strokes fell great oaks. Only by accumulating over a long period of practice and creation can we have achievement today.

In this age of fickleness, even if I have the intention to pass on woodcarvings, few young people in modern times have what it takes to pass them on. Most of them choose their own career and not necessarily stick to it. People want to be recognized for their talents and maximize their benefits through their abilities. As a traditional craft, the most important point of woodcarving is to take the time and not to rush. So in modern society it is rarely the choice of many young people. The most basic quality in woodcarving is patience and persistence. The number of people in this industry is getting smaller and smaller every year. And we as woodcarving artisans are helpless while at the same time we will seek some ways to pass on woodcarving skills.

We are willing to assume the responsibility of inheriting the traditional craft of woodcarving and train students to learn skills. What the artisans learned throughout his life is also to make sure that woodcarving can be better passed on and will not disappear from history. This is the kind of spirit as craftsmen. Even if the present situation does not meet our expectations, the future is unknown, and we must trust the ability of contemporary young people to inherit traditional crafts. Among tens of thousands of people, there will always be some patient ones who treat woodcarving seriously and try to inherit woodcarving. At the same time, we are waiting for these people to appear, and we will also spread the traditional woodcarving craft wholeheartedly.

Narrator Wu Chuwei
Recorder Wu Bingyuan
Supervisor Liang Yan

Skillful Hands and Marvelous Works

A few days ago, I had an honor to participate in a school cultural activity, which was to interview with a National Woodcarving Master and Inheritor—Mr. Wu Chuwei. After nearly two hours of interviewing, we finished our job and said goodbye to Mr. Wu. On my way back, I couldn't help thinking a lot.

I prefer to call him Mr. Wu because he deserves this title. This is the higher title for the spiritual realm and personality of Chinese people since ancient times.

In our first visit, Mr. Wu put down his work in a hurry and meet us with his hospitality. Although I have learned previously that Mr. Wu was over 70 years old, I was shocked by his vitality and energy when I first met him. After few greetings, he warmly welcomed us into his meeting room and our interview got started immediately. I would rather call it a kind of free talk than an interview. All on his face was active and relaxed. Mr. Wu replied to us according to our questions, mainly telling the story of the whole course about his learning of woodcarving craft. Moreover, he also talked about the current status of Chinese wood carving industry and wood culture inheritance. During his talking, Mr. Wu, like a child, laughed from time to time breaking the ice with his humor. At last, of course, he put forward the awkwardness in the development of wood carving industry, and the reasons behind it. With concern and seriousness on his face, he showed a feeling of helplessness, in which we can see his deep love of woodcarving. We sincerely hope that he can develop his career better, so that our descendants can see these handcraft treasures handed down from ancient times.

From Mr. Wu, I learned that the current situation of today's woodcarving industry and woodcarving culture is not optimistic, which is caused by the macro-economic environment of Chinese market. People nowadays tend to pursue economic benefits rather than calming down to learn a hard skill. The fickleness brought by market economy is everywhere, and it seems that people cannot understand what Mencius once said, that gentlemen should put virtue and morality in the first place. Only pursuing the material and neglecting the spiritual and cultural craving will lead to unavoidable failure in woodcarving cultural inheritance, Mr. Wu pointed out that some current departments and institutes should bring out some favorable policies to attract more people involving in woodcarving industry. Survival is the basic need of people. Only when we can survive can we talk about the inheritance of arts. I was

Group Photo (The third one from left is Master Wu Chuwei)

deeply impressed by his remark.

During the conversation and laughter, Mr. Wu let me understand the craftsmanship and the ideal of a national craftsman, which may be the reason why they are entitled "the National Craftsmen". They have integrated their lives into works of art and endowed them with the soul of culture and spirit. They deserve the title of "National Master".

By Han Jianyang
Supervised by Liang Yan

Lu Hanyang

He was born in Dongyang City, Zhejiang Province, in 1976. He has undertaken the woodcarving arts for more than twenty years. He is an inheritor of intangible cultural heritage program with the title Master of Chinese Woodcarving Art and Master of Advanced Crafts and Arts. He takes over general designer for two craft products limited companies. His works won more than twenty prizes. Among them, the work *Blooming Flowers and Full Moon* won the "Baihua Cup" fine crafts and arts award of China. A number of his works are collected by national, provincial and municipal museums.

Remain True to My Original Aspiration Towards Woodcarving

I was born in a family of woodcarving artists in 1976. Since then, my life has been closely related to woodcarving.

When I was a child, my great grandpa was the most famous artist of Meticulous Brushwork in the neighborhood. He was good at Meticulous Brushwork such as Buddha statues. My grandma was also influenced by my great grandpa and worked at a woodcarving factory. Under the influence of grandma, my father studied in grandma's woodcarving factory and was interested in woodcarving. He often worked with Master Lu Guangzheng who was a factory director at that time. Under the guidance of him, my father inherited this craft and created one of the most distinctive woodcarvings in Dongyang — Lu's Yin carvings. It is well known that there are three kinds of woodcarvings in Zhejiang Province: Dongyang woodcarving, Yueqing box woodcarving and Qingtian stone carving. Dongyang woodcarving is mainly plane carving with various materials like camphor wood, imported teak, padauk wood, ebony, rosewood and so on. Because camphor wood has merits like strong camphor fragrance, soft wood, fine texture, immersion resistance, moisture resistance, uneasy to deform, moderate hardness and toughness, easy to process, uneasy to collapse, insect-proof and other advantages, it is suitable for fine relief sculpture, round carving and multi-layer hollow through carving. Yin sculpture is a kind of sculpture which is also known as sinking sculpture. It engraves a part of the surface of the sculpture material to make the text or pattern concave below the hook edge lower than the material plane. It relies on skilled and accurate techniques to make the lines have the effect of starting, ending, and depth.

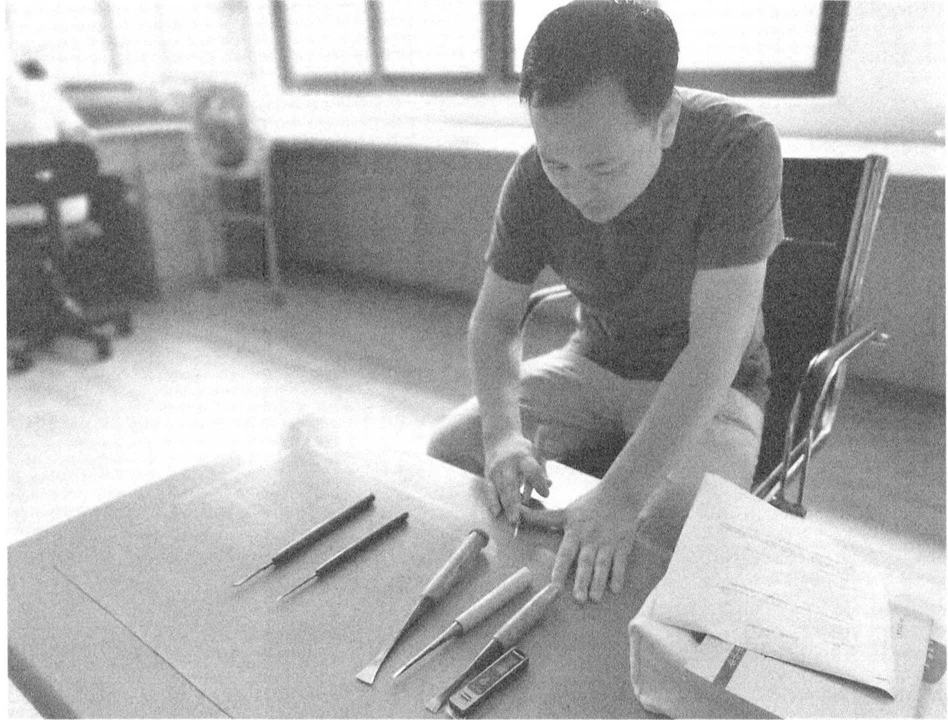

Master Lu Introducing Tools

Being influenced by what I saw and heard, I also engaged in woodcarving industry. I studied in Dongyang Woodcarving General Factory, which was known as "Huangpu Military Academy" in woodcarving. I graduated after three years' apprenticeship and six years' companion work. The first lesson in school was to learn how to sharpen knives. As an old saying goes, people with good knife-sharpening skills can win better meals. It implies that sharpening knives does not delay cutting firewood, at the same time suggesting us that tools are also important. Woodcarving tools cover two categories, the rough and the polished. According to its functions, it can be divided into seven categories: material selection tools, carving tools, paint mixing tools, polishing tools, painting tools, describing tools and application tools. The tools used to be mainly stones, which needed polishing by oneself. At that time, Dongyang's transportation was not convenient. It was necessary to walk for an hour to find the right materials to polish them into the desired shape. However, it is much more convenient now because special polishing machine is available. The key of woodcarving production is design, which is the soul of the whole work. The inspiration for design comes from life. When I was a child, I liked to watch dramas which inspired my design later on. Just like building a house, if something goes wrong with the design, the best house will collapse. Sculpture (*diao and su*), *diao* is addition, *su* is subtraction. One addition and one subtraction become an art. Where to *diao* and where to *su* is craft and art. Sculptors need to finish the work wholeheartedly. What else can sculptors do well in woodcarving except design? The point is to be diligent and dedicated and not to give up halfway. No matter the industry market is good or bad, we should stay true to the mission. The process can be in a slow pace but high qualities as diligence and dedication are more important than gift.

Engaging in woodcarving industry requires to know a lot of knowledge. I constantly need to learn and accumulate to increase my aesthetic ability and professional skills, such as clothing characteristics from ancient times to the present as well as the characteristics of people and animals' facial expressions and actions. In the past, there was no copying machine but woodcarving demanded painting skills. In order to obtain materials, we borrowed painting books and painted them by ourselves day and night. At the same time, I also went to Zhejiang Normal University to study computer art and learn more skills with the aim of improving myself.

In 2006, I accepted an offer to become a general designer of Shengcai Craft Products (Zhejiang Province) Co. Ltd. by coincidence and continue my woodcarving career. The company often cooperates with Japan as most Japanese believe in

Buddhism, and they like to place a niche at home. Once, on behalf of our company I designed and manufactured woodcarving decoration for Japan's monastery Sanbao Mountain "Immeasurable Longevity Temple", and it was highly praised by Japanese friends. In addition, in terms of sales, orders of woodcarving decoration also cover furniture and dowry, which shows its huge market demand. The company does business with Taiwan, Southeast Asia and other regions. A moment of vogue and blind expansion led to market's shrinkage. Sales in the recent two years also declined compared with previous years. On one hand, most of the handicraft products are wholesale. On the other hand, the transportation is inconvenient (large in bulk and vulnerable to damage). Therefore, in addition to export sales, we are also closely taking a look at domestic monasteries, hoping to open up the domestic market.

As for the development of woodcarving industry, it had been gradually applied to architecture, sacrificial utensils, household furnishings and so on since the Ming Dynasty. By the late Ming Dynasty, woodcarving artists were able to use various techniques, such as relief, sunken carving, round carving and general carving, developing from plane carving to single-layer carving with mature techniques and gradually forming local styles. The sculpture is rich in themes, concise in shape, vivid and lifelike in manner, lively and powerful in knife method, and has a high artistic level. In the Qing Dynasty, the society was relatively stable and the economy was prosperous. Woodcarving decoration became a social fashion. Especially in the late Qing Dynasty, overseas Chinese who made a fortune invested in the construction of ancestral halls, living rooms, beams and pillars, which greatly stimulated the development of woodcarving art. The carving theme was all-embracing, the craft level was unprecedentedly improved, and the multi-layer hollow-out carving technology reached the acme of perfection. It was well-known at home and abroad for its full composition, delicate, exquisite and sumptuous artistic style which was combined with various decorative techniques such as golden lacquer painting and gold pasting.

With the development of society, various kinds of furniture emerged in an endless stream, and the demand for woodcarving has decreased which leads to the relative shrink for the development of woodcarving industry. In addition to the market, the inheritance of the woodcarving industry is also a major problem. Now there are fewer and fewer woodcarving workers who are almost in the 40-year-old group. The calling of woodcarving needs several years to complete one's apprentice and people in the past could work hard and make a living for survival. They were willing to learn woodcarving and stick to it. Generally, they entered the woodcarving industry after graduation from junior school and they were able to finish apprenticing at their twenties or thirties. But the majority of contemporary young people are only child in his or her family who are unable to endure hardship and perseverance. Considering the high demand for academic qualifications and the long cycle of capital return, woodcarving industry is not favored by contemporary young people. However, the calling of woodcarving needs not only cultural foundation, but also profound painting skills and the above high demand results in less and less fresh blood enter into the woodcarving industry. It's not just me but the whole Dongyang woodcarving industry is paying urgent attention to the inheritance of woodcarving.

However, an optimistic situation is that recently there are some students from the Academy of Arts who choose to study woodcarving after graduation. There are also signs that some woodcarving factories have turned into individual studios. Just like the mode in Taiwan region of China, pursuing perfection but needless of quantity should become the future development direction for woodcarving industry.

Among all my works, *Dan Feng Chao Yang* is my favorite work. This creation cost me 15 months and was shaped like the Sun. *Dan Feng Chao Yang*, as its name implies, shows that peony tends to grow towards the Sun's light and phoenix soars towards the Sun. Peony implies wealth and auspiciousness while phoenix represents good fortune. The combination of the two represents a vision of living in beauty and the people's yearning for a better life and family. The work is more than 20 centimeters thick. Under the illumination of lamplight, light and shadow are perfectly combined, highlighting the sense of distance and a strong layering feeling with woodcarving.

Dan Feng Chao Yang

Since the founding of the People's Republic of China, the development of woodcarving industry has experienced several ups and downs, and finally it has been endowed with brand-new significance in inheritance and development. Woodcarving products are mainly independent ornaments to satisfy the aesthetic needs of contemporary people. The significant breakthrough in theme, composition, shape, techniques and other aspects has made historic woodcarving art bloom with new brilliance. The use and foil of light is suitable for modern family. Color, materials and various aesthetics are changing and innovating. Sculptures abroad are relatively more abstract, while domestic sculptures are more specific.

Dongyang woodcarving is a national intangible heritage project and an excellent traditional craftsmanship of the Chinese nation. I hope college students can inherit Dongyang woodcarving's Craftsman Spirit and be diligent and dedicated in doing everything well.

Narrator Lu Hanyang
Recorder Yang Mei
Supervisor Wang Fang

Inherit Dongyang Culture, Carry Forward the Craftsman Spirit

Dongyang woodcarving goes through thousands of years. As its texture of logs never changes, it is also known as "white woodcarving", which is one of the three famous carvings in Zhejiang Province. Recently we interviewed Lu Hanyang with the title Master of Chinese Woodcarving Art and Master of Provincial Arts and Crafts. Master Lu patiently introduced the characteristics of Dongyang woodcarving to us. Dongyang woodcarving adopts the method of divergent perspective and combination of line and surface to carve, which is based on the plane relief with the help of circular carving technology. It is structurally complete and layered, and widely used in the field of architecture and home decoration. *Dan Feng Chao Yang* is a triumphant work from Master Lu. The shape of this work looks like the sun, which implies perfection, auspiciousness and brightness and folks enjoy a happy family and yearn for a better life.

Master Lu Hanyang had followed Lu Guangzheng, Master of Chinese Crafts and Arts, learning woodcarving since childhood. After more than ten years of efforts, he became a great master. He told us about the current situation, confusion and its reasons for the development of Chinese woodcarving industry. Nowadays, the reason why woodcarving craft gradually declines is that there are few youth willing to enter this industry. Considering some realistic factors like nine years' hardship for completing the apprentice in woodcarving learning, burden from economy and high cost of time, young people give up halfway, which will influence the inheritance of woodcarving craft. In addition, with an aim of reaching the summit of woodcarving craft, one must integrate innovative, unique ideas into woodcarving. Master's words revealed his concerns about the prospect of woodcarving, even showing a sense of helplessness. It is because of love for woodcarving that makes Master Lu hope that Dongyang woodcarving can develop better, so that our descendants can appreciate the handicraft works from generation to generation.

When I returned to dormitory, Master Lu's words made me think of the craftsman spirit. What is craftsman spirit? It refers to the artisan's spiritual concept of refined products. One of the characteristics of the craftsman spirit is to strive for perfection in a specific field. In the new age, we should inherit and carry forward the spirit of artisans who strive for perfection, influence and drive people around us, and make our own contributions to building a modern powerful socialist country. In fact, the spirit of craftsman exists in every corner of the world. For example, French winemakers select grapes one by one and crush them by hand without the aid of a utensil. After crushing and pressing, it is fermented for up to 12 hours before being clarified and further aged. Finally, it becomes the wine we drink in daily life. This is the miracle created by winemakers. There are also many more people with the same quality. They work in different corners of the world and create the perfect art with their own skills and unique cultural connotation.

In the process of pursuing speed, we should focus more on the spirit of craftsman, which is the unremitting pursuit of perfection. As a saying goes, "Success or not depends on details." Many of us have probably experienced that because one machine part, one circuit, each data careful calculation and arrangement can cost much time. Perhaps in the eyes of many people, craftsman spirit is more like "nitpick". In fact this is not the case as the spirit imperceptibly influences numerous people.

If we say that the form of craftsman spirit is detail, then innovation should be the core of craftsman spirit. Craftsman spirit is the continuous divergent thinking, continuous progress of technology and constant trial of methods. For one acquisition of knowledge, one solution of a problem and one realization of a small breakthrough, we devoted our all energy to them with adequate thinking and draft all over the table, only to convert the quantitative change into a qualitative one. In the eyes of many people, the spirit of craftsmen is more like "split hairs". But in fact, it is this spirit that has created many great achievements. The rise of Huawei is not accidental but their insistence on innovation makes them above the rest. Huawei's innovation is reflected in all aspects, including technology, management mode, customer service approach and so on. It is a targeted innovation oriented by customer demands, market development trends and technology marketization processes. This innovation ability is the cornerstone of the sustainable development of enterprises. Innovation is the soul of the craftsman spirit, the soul of the country's progress, and the inexhaustible driving force for national prosperity.

Craftsman spirit is a combination of detail and innovation. Craftsman spirit is an attitude that will guide detail and innovation. A famous saying from *Encouraging Learning* goes like this, "Without those small steps, one can never go a thousand

Group Photo (The third one from left is Master Lu Hanyang)

miles; without those streams, there will be no rivers and seas." Every detail and accumulation will eventually lead you to success. Master Lu and other masters try their best to promote the development of woodcarving in Dongyang and interpret their craftsman spirits. At the same time, it also gives great enlightenment to our college students. As a young person in the new age, I should learn from Master Lu's spirit of craftsman in woodcarving attainments, focusing on every detail in life and being willing to endure hardship. Compared with nine years' apprentice in Dongyang woodcarving learning, the study time in university is much shorter, so I am supposed to cherish learning opportunities in university, acquire more professional knowledge, and cultivate my innovative consciousness and ability. After graduation, we should own a positive concept towards employment, bear hardships and stand hard work, strive for perfection, not be afraid of setbacks and take an optimistic attitude towards career.

By Wang Yuzhe
Supervised by Wang Fang

Chen Guohua

He was born in Dongyang City , Zhejiang Province, in 1976. He styled Yiwei, enjoys his courtesy name Renzhai Zhuren. He went for further study in the Chinese Painting Department of the China Academy of Art from 2006 to 2008, and graduated from Suzhou Art & Design Technology Institute in 2010. He is now the deputy secretary-general of the Chinese Wood Carving Art Commission, a member of Zhejiang Artists Association, vice president of Jinhua Artists Association, vice president of Dongyang Cultural Association, president of Dongyang Artists Association, executive chairman of Dongyang Arts and Crafts Industry Association. The "Picture-like Woodcarving" series of works created and developed by him have obtained national invention patents. He has been invited to the United States, the United Nations Headquarters in Geneva, Switzerland, and Japan for cultural and academic exchanges on many occasions.

For Woodcarving, There Is Still a Long Way to Go

The Pursuit of Art Is Self-improvement

I liked art when I was a kid, but at that time, there wasn't any art school in Dongyang, so I chose woodcarving which was related to art, and from that moment I became attached to the woodcarving. In the process of woodcarving learning, I gradually found that arts and crafts have been unable to satisfy my pursuit of art, I decided to study in China Academy of Art from 2006 to 2008. And then, I completed my further study in Suzhou Art & Design Technology Institute.

As for Dongyang woodcarving, I think it is different from the woodcarvings in other places of China. They are made out of their local culture. Dongyang woodcarving, originated in the ancient architecture, is mainly relief style with strong layering, and it is mostly used in indoor decoration. When I learned the woodcarving, I found that it is not only a sort of workmanship but also an art. The works of woodcarving are mostly made in the context of Chinese culture, therefore, cultural cultivation for me is essentially important. In addition, I should also have my own understanding of the form and theme of woodcarving. Only with a high cultural cultivation, can I upgrade the wood sculptures to an artistic level.

As for me, I need to develop a pair of smart mind to find out beauty and a serene and pure heart to study and work. We should highlight the implication and artistic conception but not the delicacy of the woodcarving. If the woodcarving does not have a soul with deep meaning, it cannot be called as an artwork regardless of its refinement. I create woodcarvings not for fame and wealth, for I always keep it in mind that he will feel difficult to move a single step if he values fame and wealth too much.

Art is a state of consciousness, an attitude and a connotation. To pursue art is to purse the noble quality and spirit of life. Art is originated from life but is higher than life. Only you get yourself calm down, can you find out and grasp the art in life and then create good woodcarvings.

I haven't been to my factory recently, for I think the highest level of management is self-managed. My factory is self-managed, and I can get myself concentrated on the pursuit and integration of art.

The First Work of Master Chen Guohua

Only With Innovation, Can Dongyang Woodcarving Keep Pace With the Time

What lacks the most for Dongyang woodcarving is innovation, and what the most important is to develop our new art by weeding through the old. When I studied the traditional Chinese painting, I found that different levels of ink valued by the traditional Chinese painting demonstrate a strong layering in the painting, which is same to Dongyang woodcarving. The combination of traditional Chinese painting and Dongyang woodcarving forms the present "three-dimensional Chinese landscape painting". Innovation is the most substantial issue in the following days. How to combine various arts and how to try diverse styles need to be concerned.

Only through innovation, can art be bustling with vitality. Innovation is not only the life and the breakthrough symbol of art, but also the reason to keep a constant development with time. To innovate, we should firstly inherit our fine traditional culture. The most efficient and effective way to innovate is to inherit, study, and develop the good points of our fine traditional culture. Only through constant innovation in art, can we enhance our woodcarving to an artistic level. Innovation is the instinct and core of development. We must undertake artistic innovation to promote our

One Scene in the Workshop of Master Chen Guohua

ethnic culture to a higher level.

In other words, if there is no innovation in art, how can we develop our artistic works which are lifeless imitated? We are proud of our traditional art detracted from our ethnic culture. But how to integrate it with various cultures in the world and how to inject new vigor and vitality need our highly concern, investigation and practice.

And therefore, for Dongyang woodcarving, we should not only learn from our ancestors but also integrate modern elements with it. Only through constant innovation, can we promote our Chinese cultural art. If we want to undertake innovation, we should break traditions, seize and reflect the modern features and national spirits, form our new glory of traditional Chinese culture and art by means of innovation in content, form and method. Only art can make art vitalize, and only innovation can make art progress. It bounds to be a failure for imitation.

An Optimistic Attitude Forms a Bright Future

I have always been optimistic and positive about the future prospect of Dongyang woodcarving, especially when it comes to inheriting the culture of woodcarving. I have never received an apprentice, because I still need to learn and pursue a higher artistic realm. There have been a lot of people following me to learn woodcarving. I feel relieved and pleased that people are concentrating on studying woodcarving. At present, our country gradually began to focus more on the protection of intangible cultural heritages. From family inheritance to establishment of various colleges and universities, our country has implemented solutions to inherit Dongyang woodcarving. However, there are still many issues to tackle with. In particular, it is believed one-sidedly that learning woodcarving is not decent, which cause less people to learn woodcarving. Nevertheless, we want to present the true charm of woodcarving in order to attract more people to know and feel the charm of woodcarving. We should advocate woodcarving in a blaze of publicity and promote people's artistic accomplishment to appreciate the woodcarving. There are less people learning woodcarving, but we should put forth our efforts to instruct people to know woodcarving. There has been centuries for people to inherit woodcarving. Woodcarving, as long as people value the traditional culture of Dongyang woodcarving, is and will be prosperous. Our traditional culture needs new and young learners to inherit. Only with more young learners, can Dongyang woodcarving develop to a higher stage. It is believed that woodcarving with new craftsmen will have a bright and grand future.

The way might be zigzag, but the destination is bright. Dongyang woodcarving has many minor issues to be handled with, but it is believed that Dongyang woodcarving must develop much better after solving each minor issue.

Interview (The first one from left is Master Chen Guohua)

Narrator Chen Guohua
Recorder Zhang Zhihao
Supervisor Chen Chao

Precipitation Only for Bloom

During summer vacation, I had the honor to participate in the interviews of Dongyang woodcarving masters organized by our college. After attending the related training, we began to prepare for it, collecting relevant information about the master, and setting the interview outline. We endeavored to make the preparation as good as we could.

A few days later, we left for the interview with butterflies in our stomach. The excitement was that we had a chance to get close to the great woodcarvers, but the anxiety lied in that we didn't know how to better communicate with them. We arrived at Master Chen Guohua's working studio, Dongyang Woodcarving Town. The first came into my eyes was gurgling water and flourishing plants. Melodious music and ethereal bird calls lingered on, highlighting the integration of man and nature.

We were told that Master Chen Guohua first became attached to woodcarving out of his own interest. He was fond of painting since he was a little child. But there was no Academy of Arts in Dongyang at that time and woodcarving was the best association with art. So he chose to learn woodcarving. Out of his love for art, Master Chen studied in Suzhou Art & Design Technology Institute and later in China Academy of Art. When it comes to the future of woodcarving, he believed that it is important to keep innovating. "Without innovation, nothing will survive." Now fewer and fewer people are willing to devote themselves to woodcarving. To develop our own cultural accomplishment under the context of Chinese culture, we not only need to absorb others' excellency, but also need to come up with sought-after novelties. Woodcarving also needs to keep pace with the times, otherwise it will be eliminated one day.

What impressed me the most was the current situation of woodcarvers he mentioned. Woodcarving is realistic, but the craftsmen always imitate their predecessors with few independent works of their own. Master Chen said that the status of artisans was very low in ancient times, while the artistic accomplishment of contemporary artisans is still not high. Few people associate artisans with artists, but he hopes to sublimate woodcarving to the artistic level. He has been working hard on his own creation. The innovative combination of woodcarving and painting stands out in Master Chen's patented work, which is the best illustration of the sublimation of woodcarving to art.

Speaking of his best works, Master Chen said that he did not think he has already produced the best work. However, he owns the piece of work which he is proud of. It is a small piece of woodcarving painting made earlier before he learned woodcarving formally. At that time he had never been exposed to woodcarving, but he could carve lifelike scenes. He believes it is the most valuable of all his paintings, and he wouldn't sell it for any reason. The future is endless. He would always precipitate himself and form his own artistic language.

Master Chen impressed me with his elegance and noble manners. His modesty is admirable, both in woodcarving and life. He always puts himself in the position of an apprentice and never considers himself a master. He has been constantly precipitated himself, holding a humble heart. He believes that attitude makes a difference.

Faced with the current situations of woodcarving, he figured out that there was no way to change the overall environment, but to act well in his own environment. Good things will naturally be appreciated."What I can do is to create good works. When your work is no longer catering to others' preferences, but actively attracting others, you will not be washed out." His thoughts on culture and the realm of life are beyond our reach. In the modern society, if you are not careful, you will fall into other people's ways of thinking. But Master Chen has always been sticking to himself, stay true to his original intention.

When it comes to creative inspirations, Master Chen said that he would used analogy and try his best to learn all things related to art. Most of the creative inspirations come from life. The interview with Master Chen really touched me deeply. He wrote the future of woodcarving in his own way. It makes me understand that learning, as well as art, require patience and precipitation.

We should make full use of the study time at school, consolidating our professional knowledge and improving professional skills. It is imperative to be willing to learn and drill. Porcelain, delicate and gorgeous, is made of coarse

Photo Group (The third one from left is Master Chen Guohua)

stone burned under more than a thousand degrees of high temperature. Without painful precipitation, how comes the beautiful water lotus? Precipitation is a life attitude, a spirit. After years of precipitation, a more excellent, more perfect self will stand out!

By Cheng Mengjia
Supervised by Chen Chao

Chen Yizhong

He was born in Dongyang City, Zhejiang Province, in 1976. He was entitled as the Senior Master of Zhejiang Arts and Crafts, and the Master of Chinese Arts and Crafts. He was taught by Lu Guangzheng, who is titled with the Master of Arts and Crafts in Asian-Pacific region. Based on the different schools of Dongyang woodcarving, Master Chen developed a style of his own by virtue of learning the craft concisely from a broad reading and acting as well as a large accumulation. The style is magnificent, grand, exquisite and graceful. He won the Individual Contribution Prize of Dongyang Mayor's Quality Award in 2018. Master Chen manages an art gallery in Dongyang woodcarving town, engaging in high-level pieces of woodcarving work and woodcarving building decoration projects. Besides, he takes part in important activities concerning the design and production of woodcarving decoration of great buildings in China, such as Leifeng Pagoda, Louwailou Restaurant, Lingshan Palace (including its renovation) in Wuxi , the APEC Conference Hall of Yanqi Lake in Beijing and the Conference Hall of the International Expo Center during the G20 Hangzhou Summit. In 2014, he independently undertook the design and production of woodcarving for Longjing Radisson Resort of Hengdian.

Keeping Being a Craftsman

The Origin

Men say, "five hundred times in the previous life to look back, in exchange for this life feelings are still the same." Then I must have looked back on the exquisite woodcarving many times in my previous life, in exchange for the inextricable relationship between this life and the woodcarving.

In the brilliant national art of the Chinese nation, there is a beautiful and wonderful work—carving art, and the woodcarving is better in Dongyang, Zhejiang Province. Beijing Imperial Palace, Ming and Qing Mausoleum, Hangzhou Lingyin Temple and other famous temples and exquisite wood sculptures, most of them are made by Dongyang wood sculptors. Therefore, Dongyang is known as the hometown of woodcarving in China. I am honored to have been born in Dongyang, which is full of woodcarving atmosphere.

In my childhood, I always looked into those exquisite engraved decorated brackets and corbels on the beam. They were strong, or tender, or heavy, or light, as if from the ground a gas lifted the house, the whole building is full of flexibility and vitality, left a deep impression on me. I didn't have a lot of fun toys in my childhood, so I often used mud to create things or people who I liked. Qiu Chuji from the Yuan Dynasty said that: "Wind of the spiritual spirit, blowing the magic array, like woodcarving mud." In fact, woodcarving and mud pinch have the same thing in many places, so it can be said that mud pinch, is my enlightenment teacher on the path of woodcarving.

When I was 16 years old, my father asked me what I was going to do in the future. There was a voice in my heart shouting — woodcarving. I wanted to learn woodcarving! That meticulous, vivid sculpture has long been deeply embedded in my mind, so that I can not get rid of, what is more, I do not want to get rid of, that exquisite woodcarving has already deeply impressed me. My father respected my wish and sent me to study woodcarving with my uncle (Master Lu Guangzheng). This is the formal beginning of the fate between woodcarving and me.

However, the process of learning woodcarving is very boring. I was young so that I was always impetuous and unable to devote myself to the study of woodcarving. What's more, I had a favorite sport — basketball. I spent a lot of time playing basketball so that I was unable to devote myself to the study of woodcarving. When my father found out this, he told me with great care that I had no talent for playing basketball. Playing basketball could only be my hobby and I should not spend too much time on it. In order to admonish me, he also sent me a limerick given to him by the village chief, "Eat your own food, do your own thing, do your own thing yourself; if you rely on heaven, earth, ancestors, you are not a great man at all." Every time I read this limerick, I can feel my father's sincere teaching to me. Later, in order to inspire myself all the time, I affixed this limerick to the camphor box where I left my luggage at the time. Whenever I found woodcarving boring, I would frequently open the camphor box, look at the limerick, and then have the power to continue to learn. Because I know that's what my father wanted to teach me.

Deep Destiny

In order to deepen the fate between woodcarving and me, I am very strict in material selection. The wood removed from the ancient building is my first choice. This kind of wood is basically made up of camphor wood, golden silk phoebe and other valuable wood, it itself has a light aroma. And this kind of wood, which has been exposed to the sun for hundreds of years, has a long history and is not easy to crack. Although the cost of production is a little higher, but it is very suitable for carving wood. Of course, I will also carve with new materials. But if I use new materials, the completion time of the works will have to be extended a lot, and the natural drying works will have to be completely completed for at least two years. Even the dried works will have to be put on for as long as a year. This is to ensure the quality of these works for so long works can be circulated for many years.

I cherish this fate between me and woodcarving, and it also seems to cherish me. I often will think of woodcarving because of something I saw in life or a dream. Just like the first work of my *Joy Series* — it was an accident. I saw that pomegranate branch stretching out of the wall of a family house when I passed the street. It gave me inspiration, and then I created my *Joy Series*. Depicted from the work, the Matou gable wall that has gone through the vicissitudes of time has been eroded away, revealing faint green bricks. A pomegranate branch full of fruits came out of the wall, two magpies stood on the branches and they were looking at each other affectionately. After the busy spiders successfully weaving the web between the branches, they fell down along

Joy on Plum Blossom (The second work of *Joy Series*)

the filaments and wanted to feed on the fruit of pomegranate cracking. Pomegranate and magpie are the common patterns in the traditional woodcarving. After the shape of the innovative design, they combine with the traditional gables, gossip spider web, becoming modern fashion. Pomegranate means many children and many blessings. Spider means content easily. Magpie means open some good things. Through ingenious combination, there is no doubt that the "happy from the sky" comfort of raising and giving birth to children. This is the beginning of *Joy Series*, but also one of my proud works. In fact, as long as you are good at observation, life is full of art. There is a good saying, "Art originates from life."

In fact, many people like me also have fates with woodcarving, but most people waste this fate for nothing. Man can do everything and find oneself. Only one continues to innovate, they can create their own work style and work concepts in order to deepen their fates with woodcarving. At the same time, we also have to inherit the tradition and integrate the advantages of each master into our own works. Only in this way can you make a unique fate with woodcarving.

Extended Destiny

In my life, I have made an indissoluble bond with woodcarving. I hope that I can continue this fate in the future, and also hope that there will be more people and woodcarvings to make the next fate.

If you want to continue this fate, for the current woodcarving craftsmen, it is necessary to achieve ten words which are bearing loneliness and keeping prosperous. Bear loneliness, in order to be calm in the heart and make a difference in woodcarving. Bear loneliness, in order to concentrate in woodcarving and devote the heart and soul to woodcarving. Bear loneliness, in order not to forget the original ideal and ambition, persevering to explore woodcarving. The request for woodcarving technology takes a long process from birth to adult training. Meanwhile, the completion of a good work is a great relief for an artist. If you want to do a good job of woodcarving, you should not only bear loneliness, but also be able to keep prosperous. At that time, I studied woodcarving together, there were a lot of craftsman better than me, but many of them, after having a small fame, only think about wealth or fame, could not concentrate on craftsmanship, resulted in a little backward, and finally lost money and fame. Therefore, if you want to do a good job of woodcarving, you should regard money and fame as something less important. These things are not serious, devoted to the knife in your hand, a little bit of engraving their own work is important. A complete woodcarving work go through dozens of processes, from design to packaging, every step is very important. Because of a single wrong step, it will not be a good work. If a craftsman can't stick to his heart, his craftsmanship will only become weaker and can no longer create a good work. Good works of art can be handed down. The craftsmen like the beauty of hand

Ji Di San Yuan

work so they are willing to be slow. The beauty of art comes from the heart. Make the art of love with a simple heart. With the heart of today's people, do the things of the ancients. Enjoy the craftsmanship. Only if you can endure loneliness and prosperity, can you and the woodcarving continue this fate.

In fact, the whole Dongyang woodcarving industry is in the face of lost. If some measures are not implemented, then Dongyang woodcarving industry will gradually decline. However, fewer and fewer people are willing to study woodcarving now because it is too hard to learn. "It's a long journey. I won't stop pursuing it." This sentence is very suitable in the study of woodcarving. Learning woodcarving is a long-term road, in this road, you will encounter a lot of difficulties, for example boring training and the loss of the future. It will reduce your love of woodcarving. But if you can turn these difficulties into the driving force of your continuous progress, one day, you will suddenly find that it is these difficulties that sharpen your will, exercise your craftsmanship, and keep you moving forward in the woodcarving industry.

"There will be times when you ride the wind and the waves, hanging up the sails and moving forward bravely in the vicissitudes of the sea." I hope that more and more young people can learn woodcarving and that they do not fear difficulties and can sharpen themselves. At the same time, they can appreciate the charm of woodcarving, which can make woodcarving technology more developed and woodcarving more deeply rooted in the hearts of the people.

Narrator Chen Yizhong
Recorder Hou Dianyi
Supervisor Wang Lingtuo

Keep Prosperous and Keep Alone

Luckily, I had the opportunity to go to the woodcarving town and have chance to have a conversation with Chen Yizhong during my first summer vacation in the university. Master Chen devoted his life to making woodcarving, which touched me so much. After talking with Master Chen, I understood some background of woodcarving and I respected those artisans very much. Woodcarving as a traditional part of Chinese culture, deserves to be known by more people to inherit and develop.

Master Chen, a scholar, said he wanted to learn a craft to support his family when he was 16. Under such family edification, he chose woodcarving and struggle for a lifetime. The master's most famous work is *Girl's Spring*. It combines the characteristics of Han and Dai ethnic groups. The posture is gentle and appropriate, showing the beauty of women at the most beautiful age. Master Chen's works are divided into several series, among which he is most proud of *Xi* (Happiness) in the series *Xi from Heaven*. This work has the innovation of Master Chen Yizhong. For example, if you want to carve a spider, you don't make a spider out of wood, you make a spider out of mummies. No one knew about this technique at the time, and it was the master's pride. This is not simply inheritance, but innovation through inheritance, development through innovation.

A person's belief often decides what a person will do in the future. Master Chen's father gave him the poetic instruction, "Eat your own food, do your own thing, do things on your own; if you rely on the sky, rely on the earth, rely on ancestors, you are not a real man." His father's sincere teachings influenced his whole life. "Man can do anything, he must have his own idea", "We should inherit tradition and walk to the modern", "Art from nature and return to nature", "The past for the present, foreign culture for the use of Chinese culture." Those are all the master advocate when a person who learns woodcarving should follow this rules and belief. Perhaps because of these convictions, all this added his work to unadorned color. When he chose the wood, it must be from the ancient buildings. Because it experienced the rain and wind, it became very secure and can preserve the work very well to avoid damaging the work because of the wood. When there is no ancient wood, new wood will be put in the basement to dry for two years.

Master Chen hopes our college students can overcome loneliness and maintain prosperity. Today's woodcarving industry, why do more and more people choose to give up? I think they lack hard-working spirit and the power of persistence. As a craftsman, we all know that learning woodcarving is a very hard process and the benefits are slow. We also should invest a plenty of time, money and energy. It usually needs to take eight years to become a true craftsman. When you are a student, you need to get up early to clear the whole house. It's not that the master squeezes the labor force. The master uses his experience to teach his students that if they want to make an outstanding work, they should change their temper and train their ability to bear hardships. Therefore, they have the perseverance and patience to stick to woodcarving. After passing these tests, the craftsmen must can keep their love for woodcarving in the prosperity.

Many students are admitted by Dongyang woodcarving technical school every year, who come to study how to make woodcarving, but they love woodcarving just to stay on the surface. It's very difficult to make a difference after graduating from university. Furthermore, with the development of times and the progress of science, the city became more and more prosperous and people became more and more impetuous. The rise of new industries such as high-tech industry, which has attracted a large number of talented and unemployed people. This phenomenon is a kind of progress for the society, because it increases the employment rate, improves the people's material level of labor. But it is not good for craftsmen. People like to choose other industry and forget their original dream. They can get their profits quickly. Why should they choose to wait for eight years? As a result, it is water far away that cannot solve near thirst problem, because people are still too impetuous.

Group Photo (The second one from left is Master Chen Yizhong)

Craftsmen work hard day by day, they spend three or five years to finish a work, but no one appreciated their efforts. This is like a horse that can't meet the talent scout, its talent was wasted. Nowadays, people are willing to find a way to make money other than enjoying the beautiful traditional culture.

Woodcarving is gradually forgotten by us. Traditional culture is the soul of and the pride of the Chinese nation. We are born in China, as a member of Chinese people, we should contribute our power to inherit and develop the traditional culture. We have to inherit the traditional culture, achieve a better future life, borrow the ancestors' achievement, and build a modern culture. I believe we can keep Chinese culture alive for five thousand years more.

By Tu Chuan
Supervised by Wang Lingtuo

Yao Zhonghu

He was born in Dongyang City, Zhejiang Province, in 1971. He won the titles of the Senior Master of Arts and Crafts, the fifth Zhejiang Provincial Master of Arts and Crafts, the inheritor of Dongyang Woodcarving. His mentor is Yao Zhenghua, a Chinese Master of Arts and Crafts. He has been working in woodcarving design and production for more than thirty years. And he is the current manager and chief designer of Dongyang Yao Zhonghu Woodcarving Co. Ltd. He was admitted to Dongyang Woodcarving Technical School when he was 16 years old. Then he learned about the beauty in the flower of the craft—Dongyang woodcarving. Master Yao mainly focuses on the traditional Chinese furniture and woodcarving decoration. His creation originates from and serves life, emphasizing "making the past serve the present" and "the coexistence of the beauty and practicality".

Walking with the Past and Bringing Forth the New

Carving Trees, and Improving Self

I am a native of Dongyang, born and raised there. I had some understanding of Dongyang woodcarving more or less and gradually became interested in it. In 1986, I graduated from the junior high school and was admitted to Dongyang Woodcarving Technical School. Mr. Lu Guangzheng was the then-principal. At that time, there were more than 2,000 students who took the exam with me, which was mainly about painting, but only 90 of them were admitted. In those days, there was no special painting course, so we taught ourselves, and then took the exam. The teachers in the technical school were all from China Academy of Art. They mainly taught us some basic skills such as sketching and plain drawing. The woodcarving skills were taught by the woodcarving masters in Dongyang.

My first work *Chinese Civilization*, designed in 1991, won the Special Prize in the Dongyang Woodcarving Festival. Before 2000, I mainly learned woodcarving skills, but I would seldom create works by myself. Woodcarving is not a simple craftsmanship, so in order to make fine pieces of work, it is common to ground in for more than ten years. In the process of constant learning, I felt that I still needed to improve a great deal. So in 2000, I decided to learn from Master Yao Zhenghua for four years. While I was learning, what he repeatedly emphasized and also impressed me most was the sixteen-word formula, "Shallow in front and deep in back, better square than round, convex in concave out, concave in convex out". "Shallow in front and deep in back" means that when designing relief work the foreground should be shallow and the background should be deep. "Better square than round" refers to that you should pay attention to the processing of block and surface when carving. It is necessary to combine block, large surface and small surface to show the shaded area. "Convex in concave out; concave in convex out" indicates that you should take into consideration the connection between the blueprint and the real work. Also, be careful of each step while carving. This sixteen-word formula is not only for woodcarving skills, but also for my personal character. The pieces of work or people, they should be righteous and honest. Besides, Master Yao also told me some words like "Standing like a pine; sitting like a clock; moving like the wind; sleeping like a

Decoration inside the Villa

bow." He believed that one has to have virtuous characters before he or she can make truly great work which had a great impact on my later creations and daily life.

From 2004 to 2008, I was invited to participate in the production of the woodcarving decoration of Fenglin Pavilion, a cultural landmark in Datong, Shanxi Province. Its woodcarving is in the style of the Ming and Qing Dynasties, which is the full embodiment of the traditional Chinese woodcarving. It can be said that participating in the production of Fenglin Pavilion woodcarving decoration was one of the proudest things in my life. Then I completed the woodcarving decoration of some major historical and cultural projects, such as Juyuan Building in Dexing, Jiangxi Province, and Fuquan ancient city in Guizhou Province (Wansan Mansion and Xiongzhen Building). When participating in these projects, I was greatly enlightened in both creative inspiration and woodcarving skills.

Lifelong Dedication to Woodcarving

At the very beginning, my income was rather low and I could barely afford food and clothing. Many people who studied woodcarving with me were constantly giving up. We were the first group of students after the reform and opening-up policy. At that time, our living conditions were not so good. Many of my classmates went to Shenzhen to learn clay sculpture, because the income was relatively higher. Because of the interest and passion, even though I was poor, I didn't give up. Later, I participated in many woodcarving and decoration projects and got some inspirations. I considered, can woodcarving be applied to everyone's life?

So I began to try traditional Chinese woodcarving furniture and decoration. But in the process of exploring the connection between woodcarving and life, I found that pieces of woodcarving work are quite different from woodcarving decoration. I visited the traditional residential houses in Dongyang and buildings of cultural protection in the surrounding areas. The farthest I went was to Japan to examine the houses which had inherited and preserved the buildings in the official style of the Tang Dynasty, and accumulated a great deal of materials. Finally, I have my own tips and experiences in the production of traditional Chinese decoration and woodcarving furniture.

Most of my creative inspirations come from life, such as my representative works *Harvest Season* and *Green Home*, and some of them come from books or re-creation of previous work. There are a large number of characters in my works, and it is easy to have the phenomenon of homogeneity in the figure carving in Dongyang woodcarving. So I also spent a large amount of energy on characterization. The expression, figure and movement of each character should be different. In the process of innovation, I am committed to making my work closer to life and in line with the needs and aesthetics of modern times. Yet I always combine the ancient with the modern and never forget my original intention, but in the meantime, I also pay due attention to the promotion. While I was learning, I was also creating.

Holding on Straight to the End

In my opinion, the development of Dongyang woodcarving is rather difficult. On one hand, the number of local people who are learning the skill is few. Also, nowadays, people can't reject temptation in society, which makes it harder for them to focus on this craft. They only pursue acceleration, and have no spirit of study as well as long-term perseverance. To be a woodcarving inheritor, not only do craftsmen need talent and aptitude, but hard work and diligence are also important. Just as the saying goes, diligence redeems one's dullness. In order to make a fine work, it could take several years or even more than ten years. The craftsmen of woodcarving contribute themselves to studying and improving themselves to make better pieces of work. On the other hand, many people nowadays have some misunderstanding of the inheritors of the woodcarving technique. From their perspective, only people with poor academic performances will learn woodcarving techniques for survival. If someone is willing to learn woodcarving, people's first reaction would be discriminatory, thinking he or she must be a poor performer in school. Gradually, it has become embarrassing for youngsters to learn woodcarving techniques. But as a matter of fact,

Dongyang woodcarving is the traditional cultural craft, which has been passed on for thousands of years, so it really needs young scholars with advanced mind and vision to participate. The inheritance and innovation of Dongyang woodcarving should be carried out by the young and the experienced together.

Charm of the Hakkas

What's worse, the low acceptance of woodcarving is also a problem. Many people don't understand the beauty of woodcarving. They even don't want to waste money on it because it is not necessary in their daily life. Thus, it is necessary to integrate woodcarving into life. This is what I am doing now. My work *One Branch and One Leave Are Both Destiny* includes the element of tea trees into the production of a tea table. The legs are engraved in the shape of buds, and tea branches and leaves on the chairs. I used Yinke on the board of the tea table, which subtly represents the growth environment of tea trees with mountains and rivers. This work is the symbol of passion from people who love the tea culture and it also demonstrates the lasting appeal of tea culture.

The silver lining is that the government and increasing people begin to pay attention to Dongyang woodcarving. Many people have changed their opinions on woodcarving. I believe that Dongyang woodcarving will be known by more in the future and attract more people to learn this skill. But no matter what the future will be, I will never give up and I'll keep doing things I am passionate about. And I hope that young people can join our team to enhance the woodcarving techniques and spread the culture of Dongyang woodcarving.

Narrator Yao Zhonghu
Recorder Xu Xijing
Supervisor Li Hui Jin Yanrui

Woodcarving: A Kind of Life, also a Kind of Attitude

During the first summer vacation after getting into the university, we came to a woodcarving town in Dongyang. By paying a visit to the provincial-level woodcarving Master Yao Zhonghu, we gained a profound insight into the history, culture and the development of woodcarving technique from Master Yao's understanding and reflection of pursuing his woodcarving career. Also, I have more understanding of and reverence for the unfamiliar woodcarving culture from his passion and devotion to the woodcarving work, providing more enlightenment for my life. It is worthwhile to promote and inherit the woodcarving culture.

Master Yao is a Dongyang born and raised native. Because of his understanding and interest in woodcarving, he graduated from junior high school in 1986 and was admitted to Dongyang woodcarving technical school. At that time, Mr. Lu Guangzheng was the then-principal. During his learning process, there were successes as well as setbacks. His first work *Chinese Civilization* designed in 1991, won the Special Prize in the Dongyang Woodcarving Festival at that time. However, from his perspective, his skills were far from enough. So in 2000, he decided to learn from Master Yao Zhenghua for four years. While he was learning, he was also creating, and over 30 years have passed unconsciously.

During the interview, Master Yao was wearing a green T-shirt and a pair of jeans, simple but classy. He greeted us with a smile, while serving us tea he made by himself. He was very patient when answering our questions. He spoke slowly so that we would have enough time to take notes. When referring to Master Yao Zhenghua, he repeatedly emphasized to us the sixteen-word instructions "Front shallow and behind deep; square instead of round; convex in concave out; concave in convex out", also words like "Standing like a pine; sitting like a clock; moving like the wind; sleeping like a bow." These left the deepest impression on me. These show Master Yao's methods and attitudes toward woodcarving techniques, and more of the attitude about how to be a human.

We must be clear about the attitude of being a human. Master Yao believes that one has to have virtuous characters before he or she can make truly great work. Be an individual with integrity and strong will. What is integrity? Integrity is a kind of virtue in human beings and an ideal pursuit of what human society searches for in individual disposition. Integrity, resembling justice, kindness, wisdom, courage and honesty, has always been appreciated and praised, and has become the core of contemporary social ideological and moral construction.

So how can we be righteous people? Firstly, be the same outside and inside. An erect body is not afraid of the slanted shadow and a straight foot is not afraid of a crooked shoe. Be a person of good conduct, under which circumstance one can do things with more confidence. This is so-called "the world becomes wide for your selflessness". Secondly, don't seek personal gains. Sweep before one's own door. If one wants to be an upright person, he or she should not seek personal gains, let alone coveting temporary interests. One should also avoid flattery and hypocrisy. Never expect a "free lunch" and one only has oneself to depend on for scrumptious delicacies. In the meantime, be aboveboard. Do not always want to do something stealthy, but to be frank, so as to win the trust and respect from others. Be aware of "trying to steal a chicken only to end up losing the rice", because in this way, one only makes oneself suffer. Finally, be firm and have a strong will. It's true that life doesn't always turn out the way you want it to be. It's not as simple as we think. Under the pressure of reality, we may lose some precious things such as wealth. At the beginning, Master Yao's income was so low that he could barely make ends meet. Many of his fellow woodcarvers had already given up. But hc never quit woodcarving. In the most difficult times he made it through and eventually succeeded. Therefore, do not easily give up and keep a faith in your heart.

"No matter what the future holds, I will persevere in doing what I love." This is one of Master Yao's messages to us. As we are learning, we should have our own pursuits and ideals and then put them into practice. Youth is worth striving for. When you are young, don't be timid. Seize opportunities and strive for progress. Just like the woodcarving culture, we rarely have the opportunity to be exposed to it, but Dongyang woodcarving needs young people like us to inherit and innovate together. Cultural communication needs us, and work conception needs us. Although woodcarving is just one of many arts in our culture, we can't give it up. More and

Group Photo (The third one from left is Master Yao Zhonghu)

more people are paying attention to Dongyang woodcarving, the government is paying more and more attention, and many people have gradually changed their views on woodcarving. We should take over their baton, be stricter with ourselves, strive for contributing to the society, and bring this beautiful culture, Dongyang woodcarving, to the world.

I benefit a lot from this interview with Master Yao Zhonghu. As long as we have the right attitude and a clear life goal, a wonderful future belongs to us and we will find our true selves.

By Xu Yiyun

Supervised by Li Hui Jin Yanrui

Wang Xiangdong

He was born in Dongyang City, Zhejiang Province, in 1976. He is titled with the Senior Master of Arts and Crafts, the third Zhejiang Provincial Master of Arts and Crafts. He is the deputy secretary-general of the Professional Committee of Woodcarving Art of China Arts and Crafts Society. He is honored as the model worker of the national light industry, and Jinhua Young Professional Expert. He is the general manager of Zhejiang Dongyang Woodcarving Group Co. Ltd. and the director of Huang-style Woodcarving Research Institute in Dongyang, Zhejiang Province, and the director of Wang Shengji Woodcarving Studio in Dongyang. He has presided over or participated in the woodcarving design and construction of important projects such as the Great Hall of the People in Zhejiang Province, the Chongqing Municipal Party Hall, Tianjin Guest House, Shanghai Dongjiao State Guest Hotel, Suzhou Dongshan Hotel, Shanghai Jing'an Temple, Hangzhou Lingyin Temple, Kunming Horticultural Expo. His representative works include *Yi Shou San You*, *Jinghua Zhengmao*, *Furong Guanyin*, *Nine Nine and Nine Return to One*, *Yu Lv Jiang Nan* and so on. *Fugui Ze Tianxia* was collected by the China Finance and Taxation Museum.

The Shining of Imperishable Dongyang Woodcarving Art

The smell of camphorwood permeates the air lingering in this fragrance, and the sounds of engraving reverberate intoxicatingly by this piece of crisp sound. Staying in his own world and holding the tool, the craftsman sits alone in front of his own wood, surrounded by woody fragrance and letting the wood chips fly. The carving sounds rise and fall, nailing in the net to catch time. Abruptly the craftsman turns blade, in such a small space that it is enough to appreciate such a brilliant art of wood.

This is a wonderful experience brought by the art of subtraction. What is subtraction? It's about removing simple and ugly part from the perfection. And what is the art of subtraction? This refers to how to carve and how exquisite the wood carvings are. Among the many woodcarvings, what attracts us most is Dongyang Woodcarving.

Long History

"Annually million woods to be carved as soon as days turn cold, then pine and cypress began to be amazed." Song Dynasty poet Qiu Wanqing is quite appreciative of woodcarving. It can be seen that the art of woodcarving has a long history. What I want to emphasize is that the woodcarving originated in the Neolithic period, so there is no doubt that the woodcarving has witnessed the vicissitudes of time. And now the woodcarving has formed four major factions of Dongyang woodcarving, Yueqing boxwood carving, Guangdong Chaozhou gold lacquer woodcarving and Fujian longyan woodcarving. Among them, the most representative is Dongyang woodcarving.

Dongyang woodcarving is named after the city of Dongyang which is the "hometown of a hundred workers". It dates back to the Tang Dynasty and has a history of more than a thousand years. In addition to Dongyang's unique geographical conditions and material base, the formation of Dongyang woodcarvings also benefited from the masters who were proficient in carving in the south. After they settled in Dongyang, they began to accept lots of apprentices, which made their craftsmanship gradually spread. They also became the messengers inadvertently to spread out the woodcarving culture. During the Qianlong period of the Qing Dynasty, a large number of skilled craftsmen were even called to the capital to sculpt palace lanterns and dragon chairs. Because the ancient sculptures were based on landscapes, flowers, birds and beasts; exquisite and meticulous, Dongyang woodcarvings were also called "carvings" at first. This "carved art" is widely used in the folk, wherever the wood is visible, there must be a "carved" existence. In ancient times, if a family built a new house, they would definitely ask the woodcarver to sculpt for their house. People will judge the financial strength of a family from the engraving and the fineness of the wood carvings in their house. Nowadays, wood products that are inseparable from people's lives still have the appearance of woodcarvings. In 1954, Dongyang Woodcarving Factory was established, and Dongyang Woodcarving was facing the world twice. Prior to this, Dongyang Woodcarving had risen and fallen several times. But during the flow of time, it finally bloomed its own light. In 2006, Dongyang woodcarving was included in the first batch of national intangible cultural heritage.

Delicate Woodcarving Process

Dongyang woodcarvings are dominated by reliefs, rich in layers and highly decorative. Its selection is a demanding job. As for woodcarvers, we generally choose old camphorwoods because success or failure of the work always depends on whether it reflects the light and shadow. So at first we need to judge the luster of the wood since a piece of good wood can bring out the overall color of the work. And if we make a dark tone, we will usually choose to engrave on light-colored wood.

Selection of materials is naturally inseparable from the design. The key to the design of woodcarvings is to determine the theme. In ancient times, the theme of woodcarving was often determined by the employer who with rights often asked the master to engrave woodcarving which can show the magnificence and the richness of his house. The literary family would prefer to choose a cultural theme. If the craftsmen had their own propositions, they would visit the neighbors or search the classic drama excerpts for inspiration, and then they used the woodcarving to reflect the story in the drama. Although the selection of woodcarvings is slightly complicated, no matter how the theme or what subject is determined, the woodcarving itself has presented the emotions of craftsmen and also reflected their humanistic feelings. This has remained since ancient times. Therefore, a really good piece of work should be based on the feelings of the craftsman and reflect the characteristics of the times.

The series of fine processes, such as moulding, sleeking, engraving, and polishing, are the things after the selection. And the essence of the "subtraction art" is best reflected in this link. The reason why woodcarving is called "subtraction art" is because its beauty is born after continuous reduction, and the difficulty of subtraction is farther than the addition. Any one-step error will completely destroy the whole piece of work. Therefore, "reservation" is particularly important. Needless to say, those who don't know how to reserve are not good craftsmen. Moreover, the tools used for woodcarving are mainly chisels, which are mainly divided into three types like flat chisel, round chisel and triangular chisel. More impressive thing is that our woodcarving masters not only make their own wood, but even the tools are made by themselves. And each generation of craftsmen will sum up their own experience about how to quench the knife edge more suitable for engraving or how to make the handle more convenient. After the piece of work is completed, it can also be paid inscriptions, just like a painting and calligraphy work. Whether to inscribe or where the woodcarving masters locate their signs can also reflects their aesthetic taste.

Keep Expecting, Engrave Our Future

For a long time, people prefer to call woodcarving "folk art", not only because woodcarving has a profound impact on people's lives, but also for woodcarving craftsmen are mostly from the folk. In the past, people have learned a lot about making a living, and woodcarvings have been popular for a while. At first, people often treated those woodcarving masters as "artisans". Because people considered that the craftsmen were responsible for creating, it seemed that the craftsmen were synonymous with artisans. As time passed by, people gradually called them "artist". Besides, after the establishment of Dongyang Woodcarving Factory, some of the predecessors who had studied there were called "old artists". The word "artist" itself has the literary meaning, which mainly emphasize "art". Needless to say, there is still a big difference between the two titles. The change from "artisan" to "artist" shows people's understanding of craftsmen has changed from material civilization to spiritual civilization. As a craftsman, he is more willing to be called an "artist". Nowadays, there are also some experienced old craftsmen who will be called "craft artists" or "masters of arts

Master Wang Xiangdong showing the production process of woodcarving on site

and crafts". Obviously, the difference in title actually reflects the changes in people's attitude towards the traditional craft of woodcarving, indicating that people began to appreciate the art rather than just value in practicality. Despite this, woodcarvings need take a long time and learning woodcarving is not a day's work, coupled with no systematic training, which causes modern young people seldom to choose woodcarvings, and simultaneously the power of protecting the woodcarving tradition has declined. As the inheritor of our generation, we are urged to pay more attention to the inheritance and development of woodcarving. In May, 2018, Dongyang woodcarving was included in the first national revitalization list of traditional crafts, which is indeed a fortune that the inheritance and development of woodcarving has attracted the attention of the state. However, as a woodcarving inheritor, we have to be under caution and I sincerely hope more and more people will inherit and develop our traditional woodcarving crafts.

The way of inheriting woodcarvings is diverse, from the previous family inheritance to the present — the institutions are now set up to provide professional teaching to the national enrollment. In general, the spaces for woodcarving development is great, and the prospects will be satisfactory. But we still cannot ignore the problems that exist in the process of development. What we can do now is to guide people to understand traditional art culture like woodcarving, especially to change the views of parents. In other words, although parents are willing to send their children to college to study some culture and art, most of them are unwilling to let their children be craftsmen. This has greatly affected the inheritance of traditional skills, so it is necessary to increase publicity and try to change this view. The second thing is to cultivate young people's aesthetic taste and humanistic qualities. Only when these two aspects are improved will they know how to express their own emotions in their works, and then they can catch up with the trend of the times and use the works to reflect the new scene of the times. Our woodcarving culture has a long history of thousands years. I believe that under the attention of the country and the efforts of the people, it will not disappear easily. The new path of traditional culture and art is to be open up to young people. We must have confidence. I believe that with the support of the new forces, woodcarving will surely shine in the future.

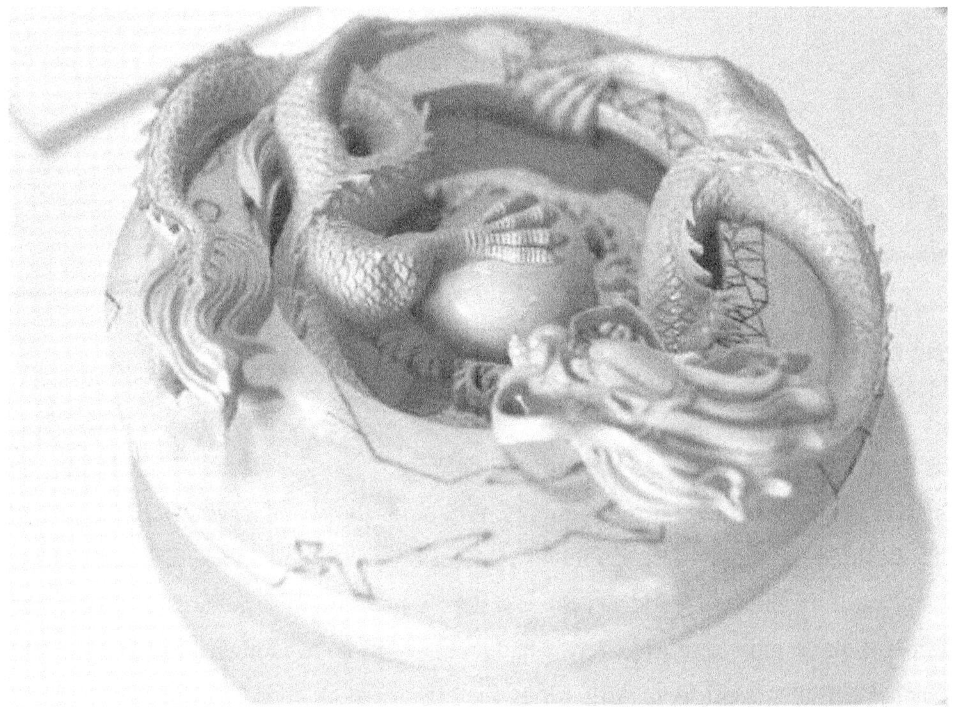

Waking up

Narrator	Wang Xiangdong
Recorder	Shi Liping
Supervisor	Tong Xiaowan

The Art in the Wood

Be Close to Dongyang and Woodcarving

There is a piece of charming woodcarving work placed on the computer desk at home. The lion, with a big mouth, is looking for prey with intense attention. Its hair is shiny and shows infinite energy. Although the woodcarving looks small, it has become the protagonist of this vast space. Surprised and shocked, I can't image what skillful hands the woodcarver has. There is no doubt that he turns the raw wood into a living sculpture. Fortunately, I had a chance to go to Dongyang with a team of teachers. In this small town with a long history of woodcarving for more than 1,000 years, I had a close and in-depth understanding of woodcarving and explored the art hidden in wood.

Be Addicted to Making and Showing Ingenuity

This time we visited the Woodcarving Workshop of Master Wang Xiangdong. No sooner had we opened the door of the studio, the wood sent off a fragrance pleasing to the nose. The smell is not like the rich rose, nor like the fragrance of daisy, but it makes people feel comfortable. As for woodcarving skills, Wang Xiangdong said that woodworking lays stress on standardization. It has its own standards from wood selection to carving to final completion, but it also shows flexibility, reserving space in carving, properly reserving plane, small plots and high overlapping layers, including subtraction art. It is just like what our parents often say, "Leaving what should be left behind, discarding what should be discarded." Since there is no way to have both fish and bear's paw in life, to seize what you think is the most wonderful and desirable thing. What impressed me most in the interview process was the master's elaboration of his craft. He felt that compared with excellence, he attached more importance to just be on place. That is to say, every piece of wood has its own unique features. Right sculpture can give wood life, and let people interpret the vivid pictures and emotions reflected in the woodcarving works be possible. What's more, I'm fascinated by what I heard. Looking at the woodcarvings displayed in the studio, I couldn't help sighing again at the ingenuity of woodcarver. Seriously, the ordinary wood blocks to us look like children to them. Every carver devote all their enthusiasm and patience, carefully designed and carefully crafted, and finally polished it into a rich connotation of art. As the interview went on, I felt the difference between "craftsmen" and "artists" deeply. Craftsmen create material civilization for us, while artists inherit spiritual civilization. As a successful craftsman, what reveals in Master Wang's works is the co-presentation of material and spirit.

Inheritance and Innovation

In the process of visiting the workshop, I found that most of the craftsmen are older generation of uncles and aunts, and rarely young people. Master Wang regretted that it was because most of young people were difficult in concentrating on traditional skills, so there was a phenomenon of skill lacking and general loss of employee. Besides, although they equipped themselves with professional skills, they lacked the gathering power of traditional techniques. I could feel Master Wang's worries about the local culture of Dongyang. It could be said with certainty that the history of woodcarving in Dongyang for more than a thousand years contains rich cultural connotations. Moreover, affected by the environment, Dongyang people have a unique aesthetic interest in woodcarving. So the outflow of craftsmen makes it impossible to inherit and preserve this skill completely. As a saying in the movie "Bai Niao Chao Feng" says, "If you can't blow the suona into the crevice of the bone, you can't bear the responsibility of inheritance." On the one hand, what traditional to art is what soul to person. On the other hand, I insist that the best way to protect the traditional culture is the inheritance of skills, and the best inheritance is becoming better. With the change of the times, innovation and development can make the skills of the old ancestors cater to the trend of the times, letting them go through the limitations of time and space, and shine brightly at any time.

On Our Way in Protecting the Relics

Woodcarving is an excellent traditional Chinese culture created by generations of woodcarving artists and appreciators. Like other intangible cultural heritage, it

Group Photo (The second one from left is Master Wang Xiangdong)

needs to be protected and inherited. The silent woodcarving reflects the image of the past, interpreting the past prosperity and desolation. They are the crystallization of wisdom from generation to generation and the treasure of intangible cultural heritage. The disappearing relics have already sounded the alarm bell for us. It is time to set up courses to promote them by actions. What's more, we should let young people understand the woodcarving culture deeply, send it into our daily life, protect this ingenuity and inherit this skill. Because the intangible cultural heritage is not only the endless root of a nation, but also the essence of traditional culture with a long history. Under the call of the new era, we need more urgently to protect the spirit and value connotation of the non-legacy era as well as show the charm of Chinese culture to the world. All in all, we are on our way in protecting the relics!

By Jin Xuanxuan

Supervised by Tong Xiaowan

He Hongbing

He was born in Dongyang City, Zhejiang Province, in 1969. He is titled with the Senior Master of Arts and Crafts, and the fourth Zhejiang Provincial Master of Arts and Crafts. He is a member of the Zhejiang Folk Artist Association, and Zhejiang Association of Creative Design. He had been served as deputy director of the workshop in Dongyang Arts and Crafts Corporation, and assistant manager of Dongfeng Bamboo Weaving Factory in Dongyang. *Night God Totem*, one of his bamboo works, won the first prize in the first Dongyang Arts and Crafts Festival. Many of his master pieces, *Throne*, *Nezha Nao Hai*, *Elephant*, *Goose*, *Wall Hanging of Nine Lions*, *Best Wishes*, had also won the awards in various national and provincial competitions. He participated in the design and make of the 2,500-meter-long *Bamboo Craftwork Long Dragon* to celebrate the Hongkong's return to the motherland in 1997. He had also contributed a lot to the repair of Juanqin Studio in the Forbidden City, and the throne and screen in the Qianlong Park. Several pieces of his work have been collected in the headquarter of International Network for Bamboo and Rattan , or China Bamboo Museum.

Innovation in the Inheritance: Ace in the Hole

Being a Man with Ingenuity

Because my father is a master of Chinese arts and crafts, I was exposed to bamboo weaving and woodcarving from an early age. In my childhood, when my father was designing and creating bamboo weaving work, I was always playing next to him. I am still quite impressed by my father's bamboo toys. After graduating from high school, with great interest in art, I had studied design in the Chinese Academy of Art for two years and joined Dongyang Art Company in 1988. Here I met Yao Zhenghua, another master of Chinese arts and crafts with extraordinary designing skills, who is the designer of several fine pieces of Dongyang woodcarving and bamboo weaving works. His teaching has laid the foundation for my design ability. In 1991, my personal designed and produced bamboo work *Night God Totem* won the first prize in the first Dongyang Arts and Crafts Festival, which marked my debut in Dongyang arts and crafts industry. Bamboo weaving and woodcarving, the two most beautiful flowers of Dongyang local traditional arts and crafts, are always integrated in some classic works. After years of bamboo design and make experience, standing on the shoulders of my predecessors, I began to dabble in the field of woodcarving and became a young craftsman with high degree of skills in both painting and carving. But for me, the true love of my life is still bamboo weaving. Twenty years ago, many bamboo craftsmen changed their careers one after another, and only a few managed to hang on. It was not until the cross-border integration with woodcarving, the bamboo weaving market embraced a new boom. Because I am good at both these two skills, I began to present woodcarving and bamboo weaving skills in one piece of work, creating my own style. At the same time, adhering to "innovative inheritance", I have achieved success in innovation in both the theme and shape with the traditional and rigorous techniques. Nowadays, the combination of bamboo weaving and woodcarving is a major feature of Dongyang craft art. The contrast between bamboo weaving and woodcarving often makes the work more attractive.

Taking on a New Look

In recent years, the raw materials of bamboo weaving have not changed much. The innovation is mainly in the following two aspects. Firstly, we achieve different effects according to the characteristics of the material, such as retaining the shape of the material and the texture of the surface. Secondly, it takes three major processes to complete a work, namely, making a model (mud sculpture, tire removal, and grinding), splitting bamboo into silk (layered and scraped) and the most important one—weaving. Now that there are hundreds of weaving techniques, how to use the most appropriate ones in the work is very critical, which is also a major direction of my innovation. For example, I used the traditional random weaving method to weave the tin rod lamp based on the tin stick carried by the abbot in the original musical *White Snake Shock*. The upper and lower ends of the rod were woven by some light bamboo, which could increase the transmittance. Layer by layer, the gradually thicker material made the body of the rod a little transparent. This work has been highly appreciated by the experts. The *Colorful Deer* exhibited in Intime Shopping Mall in Hangzhou, was woven by more than 300 pieces of bamboo board. More than 20 kinds of traditional weaving techniques were applied to weave the irregular triangles and ladder patterns into a multi-prism structure, convex and concave, which cleverly corresponds to the body structure of a deer. Although the weaving pattern is very traditional, and it was boldly colored red with green, the combination seemed very harmonious and international because of its similarity with the Gucci logo. The work *Care*, woven in cooperation with my father, breaks through the traditional animal modeling and for the first time takes animals and their living environment as a whole weaving subject. The nests were also woven by random weaving technique. The whole work involves various weaving techniques, including cross weaving, pop-up, patching and so on. By the colored bamboo material, with the cross-weaving technique, the original-colored squirrel and brown nest form a strong visual contrast. I also try some combination of bamboo weaving and woodcarving with traditional Chinese painting, applying the negative space in my work to make it more picturesque and vivid.

In a word, the traditional cultural connotation could make modern handicrafts classics. Similarly, traditional handicrafts need creative changes to catch up with the trend of the times, which is also a major reason for the new boom of Dongyang bamboo weaving. The old craftsmanship of intangible culture also needs to adapt to modern life and search for antiquity. The original aspiration is not enough, and we still need innovation to meet the needs of the society with an open mind. Traditional Dongyang woodcarving and bamboo weaving often focus on the techniques and ignore design, so craftsmen also need to jump out of their own thinking mode, and make their works more fashionable and functional. In the process of innovation, we may make mistakes, but if we do not innovate, the industry will stagnate. Therefore, the bamboo weaving and woodcarving industry should keep pace with the times, add some modern design elements and innovate

Care and Love

constantly.

Looking for More Talented Young Men

Nowadays, with the support of the government, bamboo weaving and woodcarving in Dongyang have become two major local characteristic industries, but this industry inevitably shows the trend of aging. Many local masters and inheritors of national intangible cultural heritage are not young, and if the industry is to continue to flourish, more young people must be encouraged to inherit and carry it forward. Unfortunately, in the learning of bamboo weaving and woodcarving, many young people lack sustained enthusiasm and perseverance. Few of them can really regard it as a career. The direct reason may be that the income is not attractive enough, and the status of master is not guaranteed at the same time. Therefore, attracting young people to learn bamboo weaving and woodcarving is a top priority, and we expect more young people to feel the charm of traditional Chinese craftsmanship and join the industry.

Narrator He Hongbing
Recorder Zheng Si
Supervisor Ye Lifang

I Do Love, Therefore I Am Splendid

I am wondering how many people can be able to concentrate on portraying exquisite works one after another, how many people can struggle so hard on a career for ten years like a day, and how many people can persevere in inheriting Chinese traditional crafts without any complaint? Undoubtedly, Mr. He Hongbing is one of them.

Mr. He is a native of Dongyang who loved and was good at drawing since childhood. After graduating from high school in 1987, he had been trained in Fine Arts in Hangzhou for one year. Influenced by Master Yao Zhenghua and the family bamboo weaving inheritance, Mr. He had a strong interest in woodcarving and bamboo weaving. For his ardent love for woodcarving and bamboo weaving, respect can't help but arise from my heart.

But nowadays, with the continuous development of social economy, more and more people choose to pursue their material interests over spiritual interests. The splendid woodcarving culture needs be inherited and developed. But more and more young people are unwilling to inherit traditional Chinese crafts, except some students of the Academy of Fine Arts. Under this situation, the development of Chinese traditional crafts has undoubtedly been challenged, which requires our young people's attention and care.

The first is to cultivate the courage to face setbacks and persevere. People seem to have one thing in common: it's easy to get passion for something, but difficult to keep it. But this does not happen to Mr. He. During the interview, we found that he was fond of art since his childhood. Since then, he has used decades to prove his unremitting pursuit of this career. He has devoted himself on this unfamiliar profession to ordinary people from 1988 to 2019. The only thing we could see is his reputation, but who knows how much hardship he has paid behind it? He needs many complicated processes when finishing every piece of work. Taking the weaving techniques for example, he always manages to find the most suitable weaving techniques for a specific need in hundreds of choices. It is certainly not an easy call. If he gives up in the half of the weaving process, how could he have so many immortal and unique works, and how could he remain such a magnificent name in Chinese traditional crafts?

The second is to find our own characteristics. Shakespeare once said, "No profit grows where is no pleasure taken." Thanks to the influence of Master Yao Zhenghua and family background of bamboo weaving, Mr. He ardently loves woodcarving and bamboo weaving and has made remarkable achievements in both fields. For him, bamboo weaving and woodcarving are not incompatible areas. On the contrary, from traditional architecture and art works, we can often see the blending of these two forms of crafts. It is precisely because of these blends that he can precipitate his unique views and connotations.

The third is to have a unique business vision. The wealthy family and strong artistic atmosphere have fostered Mr. He's unique artistic and commercial vision. When his peers were still worried about their livelihood, he had already set foot in the collection of woodcarving and bamboo weaving. After more than 20 years' unremitting efforts, his "treasure house" has stored more than 1,000 pieces of ancient woodcarving and bamboo weaving works. At the same time, he also firmly believes that the market of woodcarving and bamboo weaving has unlimited prospects. Most people sell woodcarvings or bamboo weaving by opening stores or recruiting sales-agents, while Mr. He's team tries the e-commerce sales mode, with more extensive coverage.

The fourth is to innovate in inheritance. While cooperating with teachers and students in various colleges of the Academy of Fine Arts, Mr. He constantly innovated his woodcarving style which makes him create plenty of excellent works that are different from the traditional ones. At the same time, he has also absorbed foreign cultures such as the Netherlands and Japan, and constantly innovated in inheritance, thus he has created many works with various styles. Kang Youwei once said, "In a peaceful world, there is nothing left but the most respected workers; in a peaceful world, there is no respect for the most respected innovators of the workers." It is not difficult to find that inheritance and innovation are inseparable.

Group Photo (The third one from left is Master He Hongbing)

By the conversation with Mr. He, not only could I sincerely admire the magnificence of Chinese traditional crafts, but also have a deeper understanding of the meaning of “interest”, which enables me to face the forthcoming career more calmly.

By Jin Ziyi
Supervised by Ye Lifang

Lu Jiesheng

He was born in Dongyang City, Zhejiang Province, in 1949. He started to learn craft in 1962 and has been engaged in bamboo weaving industry for over 50 years. Due to his accomplished skills, good perception and insatiable exploration, Master Lu is the representative of bamboo weaving industry in Dongyang. In 2010, on behalf of bamboo weaving in Dongyang, Master Lu went to Beijing to participate in the "Wonderful Workmanship — Technique Exhibition of 100 Chinese Masters of Arts and Crafts in China's Intangible Cultural Heritage" with his work *Antique Bamboo Weaving Palace Octagon Food Box*. Master Lu was awarded "Master of Traditional Chinese Arts and Crafts" in March 2015 and "Bamboo Artisan in Asia-Pacific region" in June 2018.

Craftsmanship and Bamboo Language

Bamboo's indomitable quality has been loved by Chinese people through the ages. The literati once described bamboo with such a poem as "After tens of thousands of milling and blowing, they are still strong, and can still stand the winds from all directions." However, traditional bamboo weaving craft, which is based on bamboo, is the result of the hard work of the ancient working people of China. In 2008, bamboo weaving was included in the second batch of list of National Intangible Cultural Heritage approved by the State Council.

Bamboo is of tough vitality. It is erect and straight, flexible and firm. Bamboo weaving inherits these characteristics of bamboo and has been an indispensable part of people in history.

Reform and Opening up: Taking the Initiative

I was born in the year of the victory of the Liberation War, so I was named Lu Jiesheng. An old house in Beihouzhou village, Liushi Street, Dongyang, Zhejiang Province, is my studio, where my wife and I work.

Many people in Behouzhou village made a living by bamboo weaving. When I was 14 years old, I started to learn bamboo weaving. Then, I went to other villages with fellow villagers to help with repairing bamboo weaving farming tools before the reform and opening up.

With the development of reform and opening up, the use of bamboo weaving gradually developed from production tools to crafts. Bamboo weaving can be crude when used for production agriculture tools, while required to be more delicate for crafts. I seized the opportunity of the Reform and Opening up and set up Liushi Craft Factory of Shanghai Arts and Crafts Import and Export Company. I also cooperated with Dongyang Bamboo Weaving Factory to process and produce crafts for export. Generally, exquisite baskets were exported to the United States, South Korea and other countries. Merchants put delicious cakes in baskets and sold them together. Compared with plastic bags, they were environmental friendly and beautiful. The elegant basket alone was very attractive. The thought of sweet, soft and delicate dessert or fragrant local snacks inside would make you salivate and

Master Lu Introducing Tools

decide to buy it.

Due to the decrease of export business, after the dissolution of the craft factory, I set up a studio next to my residence, mainly producing bamboo weaving crafts with exquisite workmanship and high collection value. In the studio, my wife and I are the main force of making bamboo weaving products which are local tradition oriented.

Pair up: Good Meaning

In 2010, on behalf of bamboo weaving in Dongyang, I went to Beijing to participate in the "Wonderful Workmanship — Technique Exhibition of 100 Chinese Masters of Arts and Crafts in China's Intangible Cultural Heritage", which was

Antique Bamboo Weaving Palace Octagonal Food Box

sponsored by the Ministry of Culture of the People's Republic of China. In this exhibition, the display of pictures and texts, the listing of crafts and the demonstration of techniques were combined, which intuitively presented the superb craftsmanship of Chinese intangible cultural heritage. My work *Antique Bamboo Weaving Palace Octagonal Food Box* was also included. More than ten techniques of bamboo weaving were integrated in the work, which was produced through bamboo carving, bronze carving, gilding, lacquer and other processes. The words and patterns on the side of the box as well as a pair of dragon and phoenix on the top of the box were interwoven by bamboo strips of different colors. Looking at the food box shining in the sun, I cannot help feeling that the delicate work is worth spending a lot of time and energy to complete, and I am also proud of my bamboo weaving career.

I also made some innovations in this piece of work. The dragon and phoenix patterns, which had not appeared before, were added to my work to make it more beautiful. Dragon and phoenix mean auspiciousness. In the traditional Chinese concept, dragon and phoenix represent good luck and happiness, and the appearance of both means that a celebration will happen.

Even tired eyes and sore hands could not stop me from finishing this piece of work. Good work requires craftsmen to calm down and create slowly. With the passage of time, what shines is not only the work but also the spirit of craftsmen.

The spirit of craftsmen is interpreted as follows. Craftsmen like and are willing to constantly carve their own work and improve their own craft, and enjoy the process of sublimation of the work under the action of their both hands. They have high requirements for minute details, pursuing the ultimate perfection and persevering in persistence in the work.

My work is created in pairs and sold in pairs, which implies coming in pairs. Chinese people like even numbers. Double numbers mean happiness and harmony in traditional culture. I have also won some awards for being engaged in bamboo weaving. In 2015, I was awarded "Master of Traditional Chinese Arts and Crafts". In 2018, I was awarded "Bamboo Artisan in Asia-Pacific Region". These honors are not only my personal recognition, but also recognition of my creation of bamboo weaving crafts and inheritance of traditional bamboo weaving craft.

Continuation of Tradition: Vintage Wedding Basket

Outside my studio there are two pairs of unpainted gift baskets which are wedding dowry ordered by a customer who came here. People have a sense of paying attention to traditional customs in some aspects in Dongyang, Yongkang, and even Yiwu, a well-known international city. They buy wedding baskets and put some gold and silver ornaments in them on their wedding day. I follow the principle of pairing for dowry. The gift basket, which is easy to preserve and pass on, is very popular among the people who continue the fine traditional ideas.

In order to save time, gift baskets are produced on assembly line because it is

Bamboo-woven Gift Box

more time-consuming for making four gift basket respectively than making four at the same time. The shoulder pole of the basket is dark red and a person can carry two baskets on this pole.

In addition to large gift baskets, there are also small wedding pieces, which are used to hold small snacks. Now the demands of customers are more and more diversified, so I will improve my work according to the requirements and study how to achieve perfection. When making gift baskets, I renovate their patterns on the basis of Dongyang tradition and integrate some of my own creative ideas to add a little novelty to the tradition. It is not only inheritance but also innovation when traditional bamboo weaving technology is combined with traditional culture to improve traditional patterns.

Traditional bamboo weaving craft and traditional culture are inherited and continued from generation to generation in the long history, and the ingenuity of skillful craftsmen makes these pieces of work shine and win people's approval. The wedding baskets are showing their charm under the sun outdoors. They just stand there quietly, but can make people deeply moved by their classical charm that is slowly distributed.

The Hard Way: Inheritance

As a result of social progress, traditional bamboo weaving technology has gradually faded out of the stage and become marginalized. The reason is that the traditional bamboo weaving craft cannot adapt to the development of modern industrialized society, and the traditional bamboo weaving craft can no longer meet the needs of modern people. Young people are not willing to learn bamboo weaving nowadays because they are afraid of enduring hardship and it's time-consuming. However, the economic benefits that they pay attention to are based on long-term practice.

Many young people find it difficult to get into the traditional bamboo weaving industry because getting started seems so tedious. It takes years to learn first step of bamboo weaving—how to cut bamboo strips. Compared with woodworking, no machines are used for bamboo weaving. The processing technology of bamboo weaving is the process of turning the whole bamboo into bamboo strips through processing, which needs to be done by hand, so injury is inevitable. Therefore, the accidental injuries caused by knives and bamboo strips in making bamboo weaving work keep many people away and only remained in the aspect of viewing.

I am extremely worried about the inheritance of bamboo weaving. Bamboo weaving can be inherited due to hard-working spirit of our generation. However, it is difficult to be inherited by the next generation for the lack of such spirit. Nevertheless, there are still a few people who insist on their love of bamboo weaving, learning bamboo weaving, making and selling bamboo weaving work as well as promoting bamboo weaving. To learn a craft well, one should not be afraid of hard work and be patient. One should be never tired of doing the same thing over and over again until perfect. It is urgent to encourage and guide the youth to carry forward the craftsman spirit and to protect and promote the traditional bamboo weaving craft.

Craftsmen sublimate their labor into artworks through their skillful hands, and behind these crafts are countless craftsmen's perseverance and spirit passed on from generation to generation. It is countless days and nights as well as the persistence and inheritance of craftsmen that allow the ancient craft to be handed down up to this day. As an important part of Chinese intangible cultural heritage, the traditional bamboo weaving craft also shows the ideological wisdom and creativity, as well as the aesthetic feelings and refined character of Chinese nation.

As a craftsman of traditional bamboo weaving craft, naturally I hope that people can get to know bamboo weaving and it can be passed down from generation to generation. At present, the government attaches great importance to the intangible cultural heritage, and aspirant people are also making great efforts. I believe that the traditional bamboo weaving craft will be inherited and carried forward. The future is promising.

Narrator Lu Jiesheng
Recorder Wu Bingyuan
Supervisor Wei Xingyu

Remain True to His Original Aspiration—the Way to Bamboo Weaving Art

Bamboo weaving in Dongyang originated in the Yin and Shang Dynasties, while the bamboo weaving craft lamps were famous across the country in the Song Dynasty. During the Ming and Qing Dynasties, bamboo weaving techniques developed rapidly with many categories. Tributes of royal relatives and household articles of ordinary people abounded. On June 28th, 2019, we were honored to interview Mr. Lu Jiesheng, a master of traditional arts and crafts in Jinhua.

In a small house in Beihouzhou Village, Liushi Street, Dongyang, Zhejiang Province, a couple wearing reading glasses were sitting at their desks and were busy with bamboo weaving. This was the first sight of Master Lu and his wife that we saw. "Amiable" and "smiling" were the most appropriate words to describe Master Lu. He warmly invited us to visit his studio, a room less than 20 square meters and filled with various semi-finished bamboo weaving products. On the work table there were a dozen bamboo weaving tools and a bamboo basket that was being made, with the bamboo strips and some parts piled around the studio. The desk was full of things.

Some bamboo screens, baskets and dustpans used in my hometown left the initial impression on me. Since I had never seen bamboo weaving process, I took it for granted and thought that it was not difficult to produce these articles. I even thought these articles might be similar to bamboo mats which could be produced on assembly line. Not until Master Lu told us the general production process, and I appreciated one and another complicated and exquisite bamboo weaving crafts did I come to know how shallow my understanding of bamboo weaving was.

Lu Jiesheng was born in 1949, the year of the Liberation War victory, which is also the origin of his name. At that time, Lu Jiesheng dropped out of school early because of family reasons, but he lived out his own life on the way to bamboo weaving.

During the interview, Master Lu told us that it's difficult to learn craft and it would take four to five years to learn how to slice bamboo, not to mention other exquisite works. Injuries were common in the process of bamboo weaving. Various production tools and even a thin bamboo slice might scratch the hand. Master Lu's hands are callused after making so many bamboo weaving pieces. Despite it being hard, Master Lu has always loved bamboo weaving. It's his accumulation, hard-work and original aspiration in a few decades that contributed to his creation of the bamboo weaving work with complicated techniques one after another. We should learn Master Lu's hard-work and dauntlessness, especially the mentality of being more courageous faced with more frustrations. "Good honing gives a sharp edge to a sword, bitter cold adds keen fragrance to plum blossom." If there is no effort, no persistence, no tempering, how can we succeed?

At the beginning, Master Lu made a living by selling hand-made bamboo weaving farming tools. After being married, the couple were engaged in bamboo weaving. Mrs. Lu assisted Master Lu to make some accessories. The two got along very well, and made a good team. After the reform and opening up, bamboo weaving farming tools were gradually replaced by other utensils. However, bamboo crafts were highly praised, so Master Lu seized the opportunity to set up a bamboo craft factory, specializing in exporting some bamboo weaving crafts. Later, he closed the craft factory and concentrated on bamboo weaving at home. Now he and his wife are making some wedding baskets at home to sell locals who pay attention to tradition. A pair of baskets symbolize good things in pairs, good luck and auspiciousness. He also adds new elements such as dragon and phoenix to the basket, aiming to bless the new couples with harmony and prosperity.

While sharing his experience with us, Master Lu told us that we should live to learn. Although it's a short sentence, it means much. The endless learning has always been the traditional virtue of our Chinese nation, but with the development of the times, people seem to ignore the importance of this life motto. Being complacent easily and loving to play are common problems of many college students. It's the goal of contemporary college students to learn to calm down, guard against arrogance and rashness, find direction of efforts and study assiduously.

At the end of the interview, he showed us a small food basket, which he made fifty years ago. At that time, the price of this basket was only two yuan, and now its price has risen by nearly a thousand times. He told us that the basket was reacquired from the family that had bought it because it represented the beginning of his bamboo weaving career. Master Lu desperately hoped that this craft could be inherited, but he also knew that under the development of today's society, it is almost impossible for someone to inherit this complicated and difficult craft. From Master Lu's expression, I really felt his anxiety in his heart about the difficulty of inheritance and lack of successors. He hoped that college students could learn more about bamboo weaving culture and carry it forward.

Lectures and DIY events on traditional art have always been held in our college. For the dissemination of bamboo weaving culture, we can also hold related lectures to let students know about bamboo weaving art. The interviews with the masters of bamboo weaving can be launched in WeChat official account so that more people can know the art of bamboo weaving. Being personally involved in the production of bamboo weaving crafts is also a way to spread the culture, which can arouse students' interests and thereby help them to know bamboo weaving more directly.

I am deeply impressed by Master Lu's craftsmanship of 50 years, but I am even more impressed by Master Lu's love of bamboo weaving craft. The life with dreams is brilliant. Master Lu has a dream derived from bamboo weaving craft. For his hobby and dream, he keeps working hard. Even if the white hair climbs on to the hair ends, he is still tireless and remains true to his original aspiration. On the way to pursuing art, Master Lu has never stopped, and this spirit stimulates my admiration for him and gives me great encouragement. Master Lu's indifferent attitude towards fame and fortune in life is refined and detached. It is the consciousness and state of mind that our young people lack. In the age of materialism, most people forget the most authentic selves and forget their original mission. If one can resist any temptation and follow his heart, there will be another landscape ahead.

In the interview, I was fortunate enough to know Mr. Lu Jiesheng's insights into his life, loyalty to career and footprints of hard work. The collision between theory and practice has sparked a lot of wisdom that benefits me a lot. For thousands of years in China, there have been countless traditional crafts. We should respect and inherit every craft. It's hoped that more and more people will be willing to know and even learn the bamboo weaving craft and pass it on.

Group Photo (The second one from left is Master Lu Jiesheng)

By Yu Kewei

Supervised by Wei Xingyu